나—를 깨우는 책 읽기

마음을 훔치는 글쓰기

나―를
깨우는
책 읽기
마음을
훔치는
글쓰기

1판 1쇄 펴낸 날 2020년 8월 16일

지은이 허지영
펴낸이 나성원
펴낸곳 나비의활주로

기획편집 유지은
디자인 design BIGWAVE

주소 서울시 성북구 아리랑로19길 86, 203-505
전화 070-7643-7272
팩스 02-6499-0595
전자우편 butterflyrun@naver.com
출판등록 제2010-000138호
상표등록 제40-1362154호

ISBN 979-11-90865-07-4 03320

나—를 깨우는 책 읽기

마음을 훔치는 글쓰기

허지영 지음

나비의 활주로

끊임없이 배우고 깨달으며 성장하는 인생 여행법

"남들 눈치 보지 말고 네 인생을 살라."

바위틈에 핀 장미꽃 한 송이가 그렇게 말하는 것 같았다. 해를 향해 당당하게 고개를 들고 서 있는 모습을 보면서 '나는 과연 잘 살아가고 있는 건가?'라고 자문해보았다. 어쩌면 꽃 한 송이보다 유약한 존재가 인간이라는 생각을 하며 가끔은 지친 나를 일으켜 세우기 위해 책을 펼쳤다. 고통스러울 때마다 놓쳤던 '나'를 붙잡아야겠다고 생각했다. 헤르만 헤세의 말처럼 책은 늘 '자신 속으로 돌아가는 길'을 가만히 알려줬다.

책을 읽으면서 자연스럽게 내 마음에 집중하기 힘들 때도, 자신을 믿는다고 느끼지만 흔들리는 순간도 많았다. 현실에서 도망치고 싶은 순간은 시시때때로 찾아왔다. 원치 않는 감정에도 쉽게 휩쓸렸다. 외로움에서 벗어나기 위해 늘 누군가와 함께 있길 바랐고 타인의 인정에 목

말라했으며 타인을 향해 수많은 질문을 쏟아냈다. 나의 불행이 모두 남 탓 같았기 때문인데 정작 나 자신에게는 묻지 않았다. '왜 그런 선택을 했는지, 어떤 인생을 원하는 지'를 말이다. 힘든 순간이 올 때마다 책을 읽으며 홀로 있어도 외롭지 않았고 절망의 순간에도 나를 사랑하는 법을 배웠다. 누군가에게 바라는 게 없을 때 당당할 수 있다는 것을 깨달았다.

니체는 '인생을 잘살아 보려고 하는 사람의 정신은 각각의 발달 단계에 있어 지향하는 가치 목표가 다르다'고 했다. 자신이 가장 고귀한 덕이라 생각하는 것이 무엇이냐에 따라 그 단계가 결정된다는 것이다.

"정신의 1단계에서는 덕 가운데 '용기'가 가장 고귀하게 여겨진다. 정신의 제2단계에서는 덕 가운데 '정의'가, 제3단계에서는 '절제'가 가장 고귀하다고 여겨지며, 마지막 제4단계가 되면 '지혜'를 최고의 덕으로 인식하는 정신 수준에 이른다."

우리의 경험은 눈으로 볼 수 있는 거리도, 들을 수 있는 것에도 한계가 있다. 원한다고 모든 것을 경험할 수는 없다. 그런데도 자신이 경험한 것을 기준으로 세상을 판단한다. 좋은 교육자는 학생들이 스스로 자신의 능력을 끌어올릴 수 있도록 자극하는 사람이듯이, 좋은 책도 자신을 넘어서게 해주는 역할을 한다.

나탈리 골드버그는 "우리가 누구이며 어떻게 우리 자신에게 이를 수 있는지 밝혀주는 작품을 읽고 또 읽어라. 이 과정에서 우리는 자신과 타인에 대한 연민을 키우고 다정한 마음을 갖게 되는 것을 거듭 체험하게 된다."고 말했다.

당신은 좋은 책이 무엇이라고 생각하는가? 나는 나를 더 나은 사람으로 이끌어주는 것을 좋은 책이라 여긴다. 이전과는 다른 관점으로 세상을 바라볼 수 있게 해주고 경험의 한계에서 벗어나게 해주는 책 말이다. 정신 수준을 높여주는 책은 읽은 후 다른 인생을 살게 해주어 결국 자신을 성장시킨다.

하지만 책이 모든 사람을 현명하게 만든다고 단언할 수는 없다. 책을 수백 권 읽어도 악행을 저지르는 사람도 있고 책을 많이 읽지 못했지만 자신의 삶에 충실히 살아가는 사람도 있지 않은가. 얼마나 많이 읽는가보다 얼마나 제대로 활용하는가가 훨씬 중요하다. 적극적으로 사유하는 독서가 아니라면 지식을 쌓는 데 그칠 것이다.

처음부터 자신의 한계를 인정한다면 그 무엇을 보더라도 자신을 변화시킬 수 있다고 믿는다. 자신이 알고 있는 것만이 답이 아니라는 것을 받아들이고 책을 가까이한다면 어떤 책에서도 배움을 얻을 수 있을 것이다. 책을 좋아하는 사람은 자연스럽게 쓰고 싶다는 마음으로 이어진다. 글은 권력, 학력, 스펙을 넘어서는 공평한 기회를 주기에 희망적이다.

나는 '뜻대로 되지 않는 인생에서 하나쯤은 내 뜻대로 하기 위해' 글쓰기를 시작했다. 글을 쓰면서 혼자만의 공간과 시간이 얼마나 중요한지 알게 되었다. 글을 쓰면서 '내가 원하는 인생'에 대해 깊이 있는 고민을 시작할 수 있었다. 그림을 볼 때 가까이서 보면 무엇을 표현한 것인지 모르는데, 멀찌감치 떨어져서 보면 선명하게 보일 때가 있는 것처럼 내 인생도 한 발짝 물러나 바라볼 수 있었다.

그 누구라도 욕망이 이끄는 대로 무작정 끌려다닐지 내 인생의 주인으로 살아갈지 매 순간 스스로 선택해야만 한다. 살아가면서 어느 순간, 내가 원하는 삶의 모습에서 멀어졌다고 느낄 때가 있다. 이때 현실을 그대로 받아들일지 아니면 한 번 더 용기 내어 자신이 원하는 삶으로 이끌지는 자신만이 결정할 수 있다.

불안과 두려움과 같은 감정은 사람을 나약하게 만든다. 글은 원치 않는 감정으로부터 나를 보호해준다. 당장의 부정적인 감정을 견디지 못해 소중한 사람들을 잃는 경우가 많다. 부정적인 감정을 글로 쓰는 것은 나에게 나쁜 영향을 미치지 못하도록 글에 에너지를 쏟아내는 과정이다.

글을 쓰면 불안함에서 벗어나 자기 삶을 제대로 들여다볼 수 있다. 자기 사랑으로 충만한 삶을 살게 해준다. 우리가 겪는 고통의 대부분은 자신을 사랑하는 마음이 부족해서 생긴다. 그런데 글은 타인을 원망하지 않고 내 안에서 답을 찾을 힘을 준다. 생각을 기록하다 보면 자신이 어떤 존재인지, 무엇을 원하는지 알게 된다.

자신을 찾기 위해 쓰기 시작하는 글은 타인에게도 긍정적인 영향을 미친다. 글을 잘 쓰기 위해 타인의 목소리에 귀 기울이는 법을 익히게 되고 자연의 소리, 세상의 소음을 가볍게 지나치지 않는다. 누구나 타인에게 도움을 주고 힘이 되어 줄 때 자신의 존재를 가치 있게 바라볼 수 있다. 글은 존재의 의미를 실감하게 해준다. 삶의 즐거움을 느끼게 해주고 현재를 충만하게 살아가면서 타인에게 도움을 줄 수 있는 일이 바로 글쓰기다.

글 친구가 한 명 생겼다. 우리는 카페에서 각자 자기가 원하는 자리에 앉아 글을 쓴다. 약속 시각은 따로 정하지 않는다. 배가 고플 때 함께 식당으로 가서 밥을 먹으며 서로의 글에 관해 이야기를 나눈다. 그리고 다시 카페로 와서 각자 글을 쓴다. 우리는 글을 쓰는 동안은 누구의 엄마가 아닌 나 자신으로 살아갈 수 있다. 서로의 일을 존중하며 개인사에 깊이 관여하지 않고 글에 대해, 책에 대해 이야기를 나눌 수 있는 사이다. 이처럼 글은 좋은 인연을 만나게 해준다.

글을 쓰기 시작하면서 내 삶은 변화했다. 늘 새로운 도전을 꿈꾸고 해보지 않았던 일에 대해 두려워하지 않게 되었고 나이와 상관없이 용기 있게 살아가는 법을 터득하고 있다. 나를 둘러싼 환경은 당장 바꿀 수 없지만 글을 쓰는 동안 내 안에 무언가는 분명 달라져 있었다. 글을 쓰기 전과 같은 인생을 살아가지 않는다.

살아가면서 자신의 의지로 할 수 있는 것이 없다고 한탄했던 시절이 있었다. 하지만 책을 가까이 하면서 그리고 글을 쓰면서 생각보다 내 의지로 할 수 있는 일이 많다는 것을 깨달았다. 어떤 상황에서도 책을 펼치는 것, 글을 쓰는 것은 내 뜻대로 할 수 있다. 누구도 나를 방해할 수 없다. 내게 완벽한 환경은 글에 완전히 몰입했을 때다. 제대로 알지 못하면서 안다고 말하지 않기 위해, 공감한다는 말을 쉽게 하지 않기 위해 쓴다. 겸손해지기 위해, 내 인생을 제대로 살기 위해 쓴다.

원고의 끝이 보일 때 빨리 마무리하고 싶다는 마음이 든다. 아이에게도 좀 더 신경 써야겠다는 생각이 들고 밥을 제대로 챙겨 먹고 싶고 충분한 휴식을 취하고 싶기 때문이다. 하지만 원고를 끝냈을 때 어김없이 이런 생각을 하고 있다. '다음엔 어떤 주제로 쓸까?'

인생을 최고로 여행하는 방법은 많이 경험하고 읽으며 생각하고 쓰면서 끊임없이 배우고 깨닫고 성장하는 것이라고 믿는다. 깨어있는 인생을 위해 책을 읽고 글 안에서 자유를 찾을 수 있기를. 자신에게 더 가까이 다가가길 응원한다.

허지영

 목 차

첫

번

째

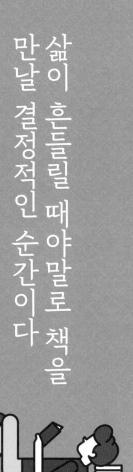

삶이 흔들릴 때야말로 책을
만날 결정적인 순간이다

삶의 쉼표를 잠시 찍을 수 있게
해주는 든든한 휴식처

얼마 전 앨범을 정리하다가 승무원 시절 동료들과 여행하면서 찍었던 사진을 발견했다. 좋았던 기억은 많지 않은데 사진 속 나는 활짝 웃고 있었다. 그토록 가고 싶었던 곳이었지만 전혀 아름답게 보이지 않았다. 그래서 당시 '여행은 가까운 사람과 해야겠다.'고 다짐했고 여행은 내 마음으로부터 시작된다는 것을 깨달았던 날들이었다.

승무원이라고 하면 사람들은 가장 먼저 하는 말이 "공짜로 여행 다녀서 좋겠네요."라는 것이었다. 하지만 나에게는 일하기 위해 떠나고 일하기 위해 머물렀다 오는 목적이 훨씬 컸다. 밤새 비행을 하고 도착한 곳에서 다시 여행을 떠날 만큼의 체력이 내겐 없었으니까. 한 가지 좋았던 건 우울하고 힘든 순간 할 수 있는 노력을 다해 빠른 시간 안에 한국을 벗어날 수 있다는 사실이었다.

　서열이 확실한 승무원 세계에서 막내로 떠난 여행은 힘겨움의 연속이었지만 비행이 아닌 휴가를 내고 떠났던 터키 여행만큼은 기억에 남는다. 아찔했던 순간들이 여러 번 있어서 그런지 지금도 기억이 생생하다.

　하루는 섬에 들어가기 위해서 심야 버스를 탔다. 화장실에 가려고 휴게소에서 잠시 내렸는데 다시 버스로 돌아가려는 순간 눈앞이 캄캄했다. 내가 탔던 버스와 똑같은 버스 수 백 대가 서있었기 때문이다. 그리고 내 손엔 아무것도 없었다. 새벽이라 정신이 없고 피곤해서 버스 번호를 보고 내린다는 걸 깜빡했었다.

　그 순간 '한국에 돌아가지 못하는 건 아닐까?', '어디 팔려가는 건 아닐까?' 하는 무서운 생각들이 엄습했다. 한참을 그렇게 서 있는데 버스에서 자고 있던 동기가 나를 데리러 왔고 구세주라도 만난 듯이 너무 행복했다. 짧은 순간이었지만 지옥을 경험한 것 같았다.

　이후에도 아찔한 순간들이 여럿 있다. 프랑크푸르트 공항에서 가방을 잃어버렸던 일, 인도에서 납치당할 뻔 한 일, 비행기 안에서 조폭을 상대했던 일 등 하늘이 돕지 않았다면 해결되지 않았을 일들이다. 이렇게 과거를 추억하며 글을 쓰고 있다는 사실에 감사하다. 대부분의 사람들은 '비행기' 하면 행복한 여행을 먼저 떠오르겠지만 나는 많은 에피소드를 만들어준 동료들과 승객들 얼굴이 떠오른다. 그만큼 어디에 가느냐가 아니라 누구와 함께 하느냐가 중요했다.

　요즘은 '패키지 여행'이 아닌 개인의 취향에 맞는 여행을 선호한다.

현지인과 어울리며 현지인처럼 체험하는 '로컬리안 여행'이 인기다. 자전거 여행, 라이브 음악 투어, 미식 투어, 공예 체험, 전통 의상 체험 등 현지인의 삶 속으로 자연스럽게 스며드는 특색 있는 여행이다.

이처럼 여행은 일상에서 벗어나 내 삶을 바라볼 수 있게 해주고 사람들 속에서 시야를 넓혀준다. 그런데 독서는 시공을 초월해 여행할 수 있는 기회를 준다. 내 몸은 한곳에 머물러 있으면서 신체와 정신을 분리할 수 있다. 내가 살아보지 않았던 세상, 죽을 때까지 가보지 못할 세상을 다녀올 수 있다. 죽을 만큼 아프고 힘든 순간에도 내가 유일하게 놓지 않는 것이 바로 책이다. 책을 통해 독자를 만나듯 나 역시 책을 통해 수많은 저자를 만난다. 그들을 통해 많은 기쁨과 영감, 아이디어를 얻으며 매일 새로운 하루를 만난다.

책을 사랑하는 디자이너가 있다. 그녀는 살아오면서 인생의 큰 전환점이 있었다. 대학교 4학년 어느 날, 감기에 심하게 걸려 목소리가 잘 나오지 않았다. 시간이 지나 감기는 나았지만 목소리는 돌아오지 않았다. 종합병원에서 '연축성 발성 장애'라는 진단을 받았다. 아직까지 밝혀지지 않은 불치병이라고 한다.

중학교 때부터 디자이너가 꿈이었던 그녀는 10년 만에 꿈을 이루었다. 하지만 말로 소통을 할 수 없는 디자이너였다. 목소리를 찾기 위해 온갖 노력을 했지만 소용이 없었기 때문이다. 디자이너 일을 시작한 지 5년 만에 극심한 스트레스로 일을 그만두었고, 3개월 동안 스스로를 방에 가둬 사람들과 단절된 삶을 살았다.

더는 이렇게 살아서는 안 되겠다고 결심한 그녀는 책을 통해 자신을 돌아보는 시간을 가졌다. 자신이 좋아하는 디자이너 일은 협업이 많아 커뮤니케이션이 중요한 역할을 하지만 꼭 음성 커뮤니케이션이 전부가 아니라는 사실을 책을 통해 알게 되었다. 커뮤니케이션은 자신의 목소리로 표현하는 것 외에 잘 듣는 것, 맥락을 제대로 이해하고 정리하며 표정과 태도로 진정성을 드러내는 것 등의 요소가 복잡하게 얽혀있는 기술이자 태도라는 사실을 깨달았다. 그녀는 자신이 부족한 부분이 아닌 잘할 수 있는 요소에 더 집중하기로 하고 공부를 시작했다. 자신의 핸디캡을 인정하고 적극적으로 끌어안아 함께 걸어가기 시작하면서 두려움과 절망감이 자연스럽게 사라졌다. 그녀는 책을 통해 변화했다고 당당하게 말한다.

그녀와 함께 작업한 적이 있다. 여러 번 만나면서 생각을 나누고 결과물을 만들어내는 과정이었다. 그녀의 작고 불완전한 목소리가 일에 장애가 된다고 느낀 적이 한 번도 없다. 책을 사랑하는 우리는 좋은 책을 서로 소개해주고 글을 쓰는 것에 대한 생각을 나누면서 가까운 사이가 되었다. 좋은 일이 생기면 알려주고 서로를 응원해주는 좋은 친구다. 그녀는 내게서 많은 동기부여를 받는다고 하지만 나 역시 그녀의 삶 그리고 삶에 대한 태도에서 배움을 얻는다. 그녀를 통해 우리에게 주어진 한계는 불행이 아닌, 축복이라는 사실을 깨닫는다. 한계는 자신의 힘으로 넘어서야 한다는 것을.

실제 삶의 고통을 영화로 승화시킨 배우가 있다. 제작자로 새로운 전성기를 맞이한 브래드 피트다. 이혼의 고통을 추스르기 힘들어 마약, 술에 빠져 고통스럽게 보낸 날들이 있었다. 그는 작품에 대한 열정으로 자신의 한계를 넘어선 배우다. 얼굴에 주름은 늘었지만 표정은 젊은 시절의 브래드 피트보다 자유로워 보인다. 그는 다음과 같이 말했다.

"나는 항상 강해야 한다고 배우며 자랐는데 헛수고가 따로 없었다. 사랑하는 가족, 아이들, 자신을 위해 마음을 열려면 자기 안의 모든 것을 이해해야만 한다. 자기 의심과 연약함까지 부정하지 말고, 강점만 인정하려는 건 자신의 나머지 부분들을 부정하는 것과 똑같다." 그는 삶에서 배운 것들을 영화 속에서 보여주고 있다.

죽을 만큼 힘든 순간에도 우리는 인생을 스스로 선택할 수 있다. 운명에 지는 사람이 될지, 내 운명을 넘어서는 사람이 될지 말이다. 나는 힘든 순간이 오면 '내 운명에 지지 않겠다.'고 마음속으로 주문을 외운다. 이를 반복하다 보면 힘이 난다.

세상에 홀로 남겨진 것처럼 느껴질 때도 책은 늘 내 곁에 있고, 나에게 아무것도 요구하지 않는다. 함께 느끼며 공감하고 스스로 길을 찾을 수 있도록 안내해준다. 이별의 아픔, 분노, 말할 수 없는 슬픔, 상실감, 낮은 자존감, 콤플렉스 등에서 벗어나게 해준다. 책 속에 빠져있노라면 어느새, 나의 상황을 잊어버리게 되고 저자는 내 마음을 들여다보는 가장 친한 친구가 된다.

나는 힘들어서 책을 읽고 슬퍼서 글을 쓸 때가 많았다. 책은 유일하게 내 마음을 알아주는 친구 같았다. 글을 쓰면서 내가 원하는 모습에 조금 더 가까이 다가간다. 책을 읽다가 나와 같은 생각을 가진 이를 만나면 그렇게 반가울 수가 없다. '나 혼자만 그런 생각을 하는 것이 아니었구나.' 하는 위안을 준다.

현재의 삶에서 탈출하기 위해 책을 집어 들었더라도 그 속에서 인생을 발견할 수 있다면 더 없이 좋을 것이다. 누구나 외롭다. 혼자여서 외롭고 누군가 함께 있어도 외롭다. 책은 마음의 부족한 부분을 채워준다. 힘들면 언제든 찾아갈 수 있는, 늘 그 자리에서 우리를 기다려주는 고마운 존재다.

세상에 홀로 남겨진 것처럼 느껴질 때도 책은 늘 내 곁에 있고, 나에게 아무것도 요구하지 않는다. 함께 느끼며 공감하고 스스로 길을 찾을 수 있도록 안내해준다. 이별의 아픔, 분노, 말할 수 없는 슬픔, 상실감, 낮은 자존감, 콤플렉스 등에서 벗어나게 해준다.

002

저마다 고통을 안고
살아간다는 것을 잊을 때

언젠가 아들과 함께 강연을 듣고 왔다. 2시간 넘게 앉아서 들어야 하는데도 아들은 꼼짝하지 않고 강연에 집중했다. 시작하기 전에 다섯 권의 책 상품을 걸고 몸풀기 율동을 했었는데, 아들이 책 욕심에 어찌나 열심히 춤을 추던지 진행자의 눈에 띄어 책을 손에 넣고야 말았다. 아들이 엄마에게 준 큰 선물이었다.

여러 명의 강연자들 중 가장 기억에 남는 사람은 공익제보를 했던 하나고등학교 전경원 교사였다. 학교의 입학 성적 조작과 고위 공직자 자녀의 폭행 사건을 고발해서 해고를 당하고 다시 교직에 서기까지 힘든 시간을 보냈다. 용기를 내어 공익 제보를 할 수 있었던 것은 제자들에게 부끄럽지 않은 교사가 되고 싶었기 때문이다. 1학년에 입학해 친구들과 어울리지 못하고 혼자서 지내던 한 제자에 대한 이야기를 들려주었다. 학생이 던졌던 질문은 "우리 사회가 공정하고 정의로운 것인가?"였다. 입학 첫 날부터 느꼈던 환경의 차이는 스스로 친구들과 멀어지게 만들었다. 학생이 3학년이 되었을 때 선생님은 담임이 되었다. 1학년 때와는 다르게 친구들과 잘 어울리는 모습에 그 이유를 물었고 학생은 대답했다.

"밤에 친구들이 부모님과 통화하는 내용을 들었어요. 저는 지금껏 어떤 선택을 할 때 부모님이 강제적으로 무언가를 하라고 한 적이 없는데 친구들은 수강 신청 과목부터 과제, 선생님한테 해야 할 말까지도 부모님이 조언해주었어요. 저는 그렇게 살지 않았거든요. 세상이 불공평하다고만 생각했는데 그렇지가 않은 것 같아요."

아마 선생님의 강연으로 또 다른 누군가는 작은 용기를 낼 것이다.

아이에게 부끄럽지 않은 부모, 교사가 되려면 휩쓸리는 대로 살아가지 않을 용기가 필요하다. 누군가 용기를 내어 행동할 때 손을 내밀어 줄 수 있는 사람, 침묵하지 않는 사람으로 살아가기 위해서 우리는 타인의 고통을 외면하지 말아야 한다. 세상에는 나만 힘든 일은 없다는 것을 강연을 통해 아들에게 말해주고 싶었다.

지금껏 내가 살아낸 모든 시간 속에 고통을 안고 살아가는 타인들이 존재했을 것이다. 하지만 삶의 현장에서도 모든 것을 배우지 못한다. 타인의 큰 상처보다 내 손에 난 작은 상처가 훨씬 커 보이기 때문이다. 경험에서 얻지 못하는 배움은 책을 통해 얻는다. 책으로 타인의 고통의 읽으며 내 안의 고통을 소환하기도 한다. 타인의 삶을 읽어냄과 동시에 자신의 삶을 읽어 내려가기 시작하는 것이다.

산후우울증으로 힘겨운 나날을 보낼 때, 정신건강의학과 의사가 환자들을 치료한 기록을 담은 책들을 읽었다. 누구나 정신적인 장애를 끌어안고 살아간다는 것을 알 수 있었다. 나만 힘들지 않다는 것을 증명하기 위해 수많은 책들을 찾아 읽었는지도 모른다. 힘든 순간마다 책은 그렇게 나를 위로해주고 힘이 되었다. 어찌되었든 우리는 깨닫는 자가 되는 것이 중요하다. 눈에 보이는 현상 자체보다 그 너머에 있는 사람에게 관심을 가져야 하지 않을까 하고 생각해 본다.

나는 매일 아침 신문을 읽는다. 전체를 다 읽는다면 책 한 권을 읽는 것과 비슷하다. 꼭 알아야 하는 것, 관심 있는 것, 책에 필요한 사례 등을 찾기 위해 신문을 읽는다. 뉴스는 거의 보지 않는다. 같은 사건인데도 뉴스로 듣는 것과 신문을 통해 읽는 것은 다르다. 뉴스는 자극적인 부분을 위주로 전달해서 보고 듣는 내내 머리가 아프고 얼굴에 주름이 느는 기분이다. 자극적인 사건들에 지속해서 노출되면서 더 큰 자극이 주어져도 실감하지 못하는 경우가 많다. 세상이 어두운 면만 있는 것이 아니고 불행한 사건만 발생하는 것이 아닌데 뉴스는 좋은 면보다 나쁜 면을 더 많이 보여주어 우리의 뇌를 부정적으로 만든다.

반면에 신문은 표현이 걸러져 독자에게 전달되기 때문에 자극성이 덜하고 스스로 속도를 조절하며 읽을 수 있다. 읽다가 멈추어 생각도 한다. 같은 사건을 바라보는 다양한 관점을 통해 자기 생각을 정리하게 된다. 그저 눈살을 찌푸리는 데서 끝나는 것이 아니라 어떤 사건이 주는 고통과 보이지 않는 부분에 대해서도 깊이 있는 고민을 해볼 수 있다. 세상에 고통받지 않는 사람은 없으며 고통받아 마땅한 사람도 없다는 것을 우리는 다시금 깨달아야 하지 않을까.

세상 돌아가는 것을 알기 위해 모두가 휴대폰을 들여다보지만 어쩌면 자신이 보고 싶은 것만 보며 살아가는지도 모른다. 흥미를 느끼고 있는 주제에 대해서만 검색하고 관심이 없는 것은 거들떠보지도 않기 때문이다. 책도 마찬가지다. 자신이 좋아하는 장르의 책만 보는 사람은 다양한 관점을 가지기 어렵다. 시를 좋아하는 사람이 시만, 소설을 좋아하는 사람이 소설만 읽는 것, 자기계발서를 좋아하는 사람이 자기계발서만 읽는 것도 마찬가지다. 새로운 장르의 책을 읽다 보면 내 안에 다양한 감정이 존재한다는 것을 알게 된다.

살아가면서 우리는 주위에 있는 사람들을 얼마나 알고 있을까? 이해한다고 하면서 내 눈에 보이는 사실만으로 생각하고 판단하는 것은 아닐까. 자신도 제대로 모르면서 타인보다 타인을 더 잘 안다고 생각하는 경우도 있다. 배우면 배울수록 '내가 안다고 믿는 그것이 과연 전부일까?' 하는 의문이 든다.

책을 읽다보면 인간에 대한 이해와 사랑이 커진다. 타인의 눈을 통해 세상을 보는 경험을 한다. 나와 다른 사람들의 내면으로 들어가 잠시나마 그들이 되어 삶을 살아보고 깨달은 것들을 내 삶에 가져온다. 말하고 싶어도 고통을 호소하지 못하는 사람들, 아픔을 안으로 안으로만 들여놓는 사람들이 많이 보인다. 그러니 우리 눈에 보이는 것만으로 판단해서는 안 될 일이다. 내가 옳다는 자만심 또한 버려야 한다. 우리가 할 수 있는 것은 스스로 느끼는 부족함을 채우기 위해 노력하는 것뿐이다.

'고난은 자신을 겸손하게 만든다'는 말이 맞나 보다. 나이를 먹으면서 좋았던 순간만 있었던 것은 아니니 고통의 순간도 적지 않았다.

어릴 때는 나만 생각하느라 나와 상관없는 사람의 삶에 크게 관심이 없었다. 내가 행복하면 세상이 아름다워 보이고 내가 힘들면 이 세상을 원망했다. 힘든 순간을 이겨내면서 주위를 돌아보는 마음의 근육을 키웠다. 길을 가다가 나눠주는 전단을 거부하지 않게 되었고 떡을 팔기 위해 내게 다가오는 할머니를 외면하지 않게 되었다. 누군가는 불평불만으로 살아갈 때, 하루하루를 부지런히 묵묵히 살아가는 사람들이 많다는 것이 힘이 된다. 힘든 순간에 나의 고통만을 바라보면 그 고통에서 헤어 나올 수 없다. 조금만 눈을 돌려 말없이 삶을 견뎌내고 있는 사람들을 볼 필요가 있다. 현재의 삶에서든 책을 통해서든 말이다.

경험만으로 세상을 안다면, 사람을 안다면 우리는 얼마나 편협한 사고로 살아갈 것인가. 책이 있기에 더 넓은 세상을 경험할 수 있고 가족이 아닌 사람의 아픔을 잠시나마 내 안으로 가져올 수 있다. 가장 절박한 순간에 가까운 사람이 아닌 책에서 공감을 얻고 위로를 받는다. 나 역시 책에서 받았던 긍정적 영향을 돌려주는 사람으로 살아가기 위해 글 쓰는 삶을 선택했다. 내가 지금껏 배우고 깨닫고 느꼈던 부분을 글이나 강연을 통해 사람들에게 전해주고 그들도 세상의 더 많은 존재에게 관심을 가지고 느끼기를 바라는 마음이다. 다음과 같은 톨스토이의 말에서 삶의 지혜를 얻는다.

"가난의 고통을 없애는 방법은 두 가지다. 재산을 늘리거나 욕망을 줄이는 것. 전자는 우리 힘으로 해결되지 않지만 후자는 언제나 우리 마음가짐으로 가능하다."

책이 있기에 더 넓은 세상을 경험할 수 있고 가족이 아닌 사람의 아픔을 잠시나마 내 안으로 가져올 수 있다. 가장 절박한 순간에 가까운 사람이 아닌 책에서 공감을 얻고 위로를 받는다.

003

일상의 나태함에서
벗어나고 싶다면 책에 빠져볼 것

살아가면서 스스로 만들어낸 습관이 '나'를 결정한다. 똑같은 여건에서 일을 해도 딱 그만큼만 하는 사람, 그 이상을 하는 사람, 그것조차 하지 못하는 사람으로 나뉜다. 열정이 없다고 외치는 사람들을 가만히 보고 있으면 열정의 반대편에서 많은 에너지를 쏟고 있는 모습이다. 누군가를 칭찬하기보다 비난하기 바쁘고 자신을 비방하는 사람을 좇아다니며 응징하느라 바쁘다. 삼삼오오 모이면 몸담은 회사의 상사나 선후배를 욕하느라 정신없다. 그런 사람에게 과연 열정이 없다고 말할 수 있을까?

누구나 살아가면서 에너지를 쏟아내는 부분이 반드시 있다. 일상에서 작지만 어떤 열정을 가지고 살아가는 사람에게 그냥 가만히 있으라고 한다면 그것보다 고통스러운 일은 없을 것이다. 나도 마찬가지다. 일하지 않을 때 그냥 가만히 쉬기만 하는 것도 참 힘들다. 쉴 때는 독서나 운동, 산책하거나 새로운 것을 배우기도 한다. 의욕이 없어 아무것도 하지 않기로 결심한 사람들은 자신이 가진 모든 에너지를 허무하게 소비한다. 자신과 타인을 위해 쏟는 열정인지 아무것도 얻지 못하는 것에 쏟는 허무한 열정인지 그 차이만 있을 뿐이다.

예전에 사업으로 힘들어하는 친구에게 책 한 권을 선물했다. 평소에 책을 읽지 않는 친구였지만 비슷한 상황에서 다시 용기를 낸 사람의 이야기를 들려주고 싶었다. 책 한 권이 인생을 바꿔줄 순 없지만 성공을 이끌어낸 수많은 실패가 존재한다는 사실만이라도 깨닫고 힘을 얻길 바랐다. 하지만 그 친구는 책을 조금 읽다 말았다고 했다. 현실에 아무런 도움이 되지 않는다고 판단한 것이다. 책을 읽지 않는 사람은 책에 기대하는 것이 없다. 책 한 권이 현재의 삶에 보탬이 될 거라고 믿지 않는다. 이제는 더는 그 친구에게 책을 권하지 않는다.

친구는 끝내 사업이 어려워졌고 지금도 자신의 실패는 자신의 일과 관련된 타인 때문이라고 생각하며 살아간다. 살면서 가장 안타까운 것은 자신을 바꾸려하지 않는 사람들을 보는 것이다. 글을 쓰는 사람으로서 그리고 책을 사랑하는 사람으로서 어찌할 수 없는 사람들이 존재한다는 것을 이제는 인정하려한다.

노력 없이 뭐 하나 배우고 깨칠 수 없는 것이 인생이고 아무것도 하지 않으면 아무것도 얻을 수 없는 것이 인간의 삶이다. 모두가 다양한 에너지를 가지고 살아가지만 어떤 방향으로 에너지를 쏟느냐는 스스로가 결정하는 것이다. 우리가 태어난 환경, 부모는 선택할 수 없다. 하지만 생각하고 그 생각을 조절하는 능력은 우리 스스로 가지고 있다. 현재 가지고 있는 것이 보잘것없더라도 보이지 않는 미래를 위해 내가 품고 있는 꿈과 그것을 향한 열망은 그 누구도 어찌하지 못한다. 우리는 생각보다 많은 것을 스스로 선택할 수 있는 존재라는 것을 인지한다면 우리를 가두려는 환경에 지지 않고 앞으로 나아갈 수 있을 거라 믿는다.

독서 습관은 일상 속에 존재하는 나태함에서 벗어나도록 도와준다. 독서만큼 주체적인 행위가 없기 때문이다. 독서 습관을 들인 이후에는 가슴속에 채운 것을 행동으로 옮기는 단계로 나아간다. 같은 책을 읽더라도 어떤 삶을 살아가느냐에 따라 분명히 얻는 것은 다를 것이다. 세상을 등지고 책만 끼고 산다고 해서 삶이 윤택해지지는 않는다. 100권의 책보다 사람을 통해 얻는 것이 훨씬 많다. 책은 우리의 삶을 좀 더 현명하게 살아가도록 해주는 역할을 하는 것이지 그것 자체가 목적이 되어서는 안 된다.

아무것도 하기 싫을 때, 책 읽는 즐거움에 빠져보면 어떨까? 부담 없이 읽고 싶은 책 한 권을 골라 읽으면서 현재 내가 느끼고 있는 감정을 책에 써보는 것이다. 마음에 드는 문장은 형광펜으로 긋고 이해가 되지 않는 문장에는 물음표를 남기기도 하면서 책 한 권과 즐거운 대화를 나눠보길 바란다. 다음에 그 책을 펼쳤을 때 '그때 이런 생각을 했었구나.' 하며 놀라운 발견을 하게 될지도 모른다. 책을 아껴서 보고 두 번

다시 펼쳐보지 않는 것보다 읽으면서 많은 흔적을 남기고 자신의 것으로 만드는 것이 중요하다. 물론 도서관에서 빌려서 보는 책은 깨끗이 봐야 한다. 이때는 노트를 따로 한 권 마련해서 정리하면 좋다. 읽으면서 생각했던 부분을 함께 메모해두면 생각의 힘을 키우는 데 도움이 될 것이다.

니체는 "공부를 하고 책을 읽는 것만으로는 현명해질 수 없다. 여러 가지 다양한 체험을 함으로써 사람은 현명해진다."고 말했다. 또 좋은 책은 어떤 것인가에 대해 말한다.

"죽음을 다루면서도 삶에 대한 자극이 되어 주는 양서가 있는가 하면, 생명을 주제로 하면서도 삶을 나약하게 만드는 해로운 책이 있다. 그 차이는 책에 담긴 삶의 자세가 어떠한가에 의해 가늠된다. 언어로든 행동으로든 삶과 강하게 맞서는 것들은 좋은 것이다. 생동감 넘치는 것들은 끊임없이 주위에 좋은 영향을 미친다. 우리의 등을 토닥이며 살아가는 데 자극이 되어 준다. 그리고 누군가는 그러한 좋은 것을 선택함으로써 이미 많은 것을 살리기도 한다."

만약 지금 하는 일에, 공부에 싫증이 났다면 성장이 멈추어서가 아닐까? 처음 시작할 때 가졌던 열정과 목표 의식은 지속되지 않는다. 알고 싶었던 것을 알고 나면, 갖고 싶은 것을 갖고 나면 이미 익숙해져서 싫증이 난다. 여기서 멈출지, 앞으로 나아갈지 선택해야 한다. 변화하지 않기에 성장하지 않기에 싫증이 나는 것이다.

인간관계도 마찬가지다. 너무 힘들어서 꼼짝하고 싶지 않을 때, 이불

속에 들어가 가만히 있었던 경험은 누구나 있다. 아무것도 하지 않으면 편안해질 것 같지만 오래 지나지 않아 깨닫게 된다. 생각의 거미줄이 머릿속에서 나를 더 괴롭힌다는 사실을 말이다. 이때는 그 누구도 우리를 도와줄 수 없다. 내 두 발로 일어서야 한다. 그리고 밖으로 나가야 한다. 걷고 또 걸어 보라. 어느새 생각의 거미줄이 사라지는 것을 느끼게 될 것이다. 생각이라는 것은 신기하게도 몸을 움직이면 그 힘이 줄어든다.

영화배우 하정우는 에세이 《걷는 사람, 하정우》라는 책에서 자신이 걸어온 길과 걸으면서 느낀 몸과 마음의 변화에 대해 담았다. 그는 결정적인 문제가 닥칠 때 지금 당장 답이 없다는 결론에 이르면, 그냥 운동화를 신고 밖으로 나간다. 생각이 똑같은 길을 맴돌 때는 두 다리로 직접 걷는 것만큼 좋은 게 없다고 한다. 힘들 때면 '아, 힘들다… 걸어야겠다.'라는 생각을 본능적으로 한다.

"내 몸과 삶에 나쁜 것은, 내 작품에도 좋지 않다. 부정적인 충동은 절대 예술가의 연료가 될 수 없다. 예술가의 삶은 단 한 순간 불타올랐다가 사그라지는 것이 아니다. 끊임없이 작업하고 이를 통해 인간적으로도 예술적으로도 한 걸음씩 진보하는 삶을 살 수 있어야 한다. 좋은 사람으로 살아가면서 하루에 단 하나의 점만 캔버스에 찍어나가도 10년이 지나면 나의 시간이 집적된 작품이 완성되어 있지 않을까? 단순한 비유이지만, 나는 예술에서 시간을 견디는 일의 중요성을 이야기하고 싶다. 때로는 두렵고 또 때론 지루한 이 모든 과정을 견뎌낼 수 있어야 한다고 믿는다. 내가 걷기를 통해 내 몸과 마음을 단단하게 유지하려고 하는 이유도 여기에 있다." 하정우의 말이다.

마음이 심란하고 아무것도 하기 싫을 때, 책 한 권을 들고 공원 벤치에 앉아 읽어보라. 바람을 느끼며 책을 읽는 기분이 꽤 괜찮다. 세상의 잡음에 갇혀 읽지 못했던 내 마음을 읽어 내려갈 수 있다. '나도 꽤 괜찮은 사람이구나.' 하는 생각이 들 것이다. 출근길 지하철에서 모두가 고개 숙여 휴대폰을 볼 때, 유독 책을 읽는 사람이 눈에 들어오는 것처럼. 누구에게도 소중하지 않은 인생은 없다. 니체의 말을 떠올리며 오늘은 어제보다 조금은 나은 하루를 살아보리라 마음먹는다.

"지금 이 인생을 다시 한 번 완전히 똑같이 살아도 좋다는 마음으로 살라."

걸도는 책 읽기에서 벗어나는
네 가지 능동적인 행위

"엄마, 친구들이 나 엄청나게 부러워해!"

아들이 집에 오자마자 가방에서 시험지를 꺼냈는데 맞은 문제보다 틀린 문제가 훨씬 많았다. 그런데도 친구들 말에 신이 나서 온 것이다. 자기보다 점수가 높은 친구들도 엄마한테 혼날까 봐 울상을 짓고 집으로 갔단다. 시험 못 쳐도 혼나지 않는 사람은 자기 혼자라서 친구들이 엄청 부러워한다는 것이었다. 그 말을 들으니 '내가 너무 무심했나?' 하는 자책이 들었다. 시험지를 보니 문제 안에 답이 있었다. 아들에게 왜 틀렸냐고 물었더니 문제를 제대로 읽지 못해서라고 대답했다. 읽지 못해 답을 찾을 수 없는 아이라면 공부보다 책 읽기에 더 많은 공을 들여야 하는 것이 아닐까 하는 생각이 들었다.

그날 이후, 아들에게 하루 세 권의 동화책을 읽도록 한다. 읽고 나서는 반드시 노트에 생각과 느낌을 적으라고 한다. 아들은 읽기만 해도 다 기억할 수 있는데 꼭 적어야 하냐고 내게 물었다. 당시에는 기억한다고 생각하겠지만 기억과 느낌은 오래가지 않는다. 글로 직접 써보면서 읽었던 내용을 그리고 그 이상의 배움을 내 것으로 가져올 수 있다.

아들은 노트에 쓰면서 책에 나온 주제를 가지고 스스로 질문을 던지고 답을 찾아가기 시작했다. 처음에는 몇 줄 쓰는 것도 힘들어했지만 지금은 노트 한 페이지를 빽빽이 채우고 그림까지 그려가며 생각을 정리한다.

신문을 읽다 눈에 띄는 기사가 하나 있었다. 30년 동안 신춘문예에서 낙방한 강은경 작가의 이야기다. 그녀는 《행복의 지도》라는 책을 읽은 후 인생을 바꾸었다.

'아이슬란드에서는 실패가 성공이라는 메인 코스를 위한 애피타이저가 아니라 실패 자체가 메인 코스다.'라는 대목을 읽고 직접 71일간의 아이슬란드 무전여행을 시작했다. 그곳의 사람들은 그녀의 인생을 실패로 보지 않았다. 평생 신춘문예에 도전하며 글만 써왔으니 그토록 원하는 삶을 살아온 것이 아니냐고 말했다. 결과가 아닌 현재에 집중하는 그들의 인생철학에서 그녀는 많은 것을 배웠다고 한다. 한국에 돌아와 2017년, 《아이슬란드가 아니었다면》을 출간하고 강연을 다니며 만족스러운 삶을 살아가고 있다. 그녀의 실패는 강연 주제가 되었고 많은 사람들에게 인생에 실패란 없다는 메시지를 전해준다.

이처럼 한 권의 책으로 인생을 바꾸는 사람이 있다. 물론 백 권의 책을 읽어도 삶이 바뀌지 않는 사람도 있을 것이다. 단 한 권이라도 내 것으로 만들고자 하는 마음이 있다면 충분히 그것은 가능하다.

대부분의 사람이 쓰기와 말하기는 적극적인 활동이지만 읽기와 듣기는 수동적이라고 생각한다. 나 역시 학창 시절에 쓰기와 말하기는 읽기와 듣기와는 상반된 개념으로 배웠던 기억이 난다. 읽기와 듣기를 하지 않고 쓰기와 말하기를 할 수는 없다. 요즘 같은 세상에서는 말하기보다 듣기를 잘하는 사람이 되기 힘들다. 독서만큼 능동적인 행위는 없다. 자신의 의지로 생각하고 가슴에 담는 과정이기 때문에 많은 에너지가 소모된다. 책보다 드라마나 영화를 보는 게 훨씬 편한 선택이다.

하지만 책의 즐거움에 빠진 사람들은 독서 습관을 기르기 위한 고통의 단계를 거치면 이전으로 돌아갈 수 없는 즐거움의 단계에 이른다는 것을 잘 알고 있다. 한 분야의 책만 읽지 말고 닥치는 대로 다양한 분야의 책을 읽다 보면 세상과 인생을 보는 자신만의 관점이 생긴다. 작가가 되고 싶은 사람이라면 편파적인 독서는 금물이다. 책에 관한 탐욕과 열정 없이 글을 쓰는 직업을 가질 수 없다. 어떤 일이든 질적 변화 이전에 양적인 축적이 필요하다.

나는 책 읽는 속도가 빠르지 않아 많은 책을 한꺼번에 읽으려면 시간이 많이 소요된다. 읽고 싶은 책, 읽어야 하는 책을 책상 위에 쌓아두고 읽는데 정말 읽고 싶은 책은 곱씹어 읽게 된다. 책을 노트로 사용하기 때문에 노트가 따로 필요하지 않다. 책에 관한 내용이 다시 필요할 때면 책을 다시 펼쳐보면 그만이다. 중요한 내용은 색깔 펜으로 줄이 그어져있고 내 생각을 군데군데 메모까지 해놓으니 다시 읽을 때는 핵심만 읽을 수 있다는 장점이 있다. 하지만 책을 다시 집어들 때면 어김없이 내 마음도 변화한 경우가 많아 처음과는 다른 느낌을 받는다. 마치 새로운 책을 읽는 것처럼 새로운 곳에 밑줄을 긋고 있는 나를 발견한다. 두 번째 읽을 때는 다른 색깔의 펜으로 표시하고 메모를 하면서 생각이 얼마만큼 변했는지 확인해볼 수 있다.

책을 쓰기 위해 책을 읽을 때는 '다시는 이 책을 펼치지 않겠다'는 마음을 먹는다. 읽으면서 그 안에서 배울 수 있는 모든 것을 내 것으로 만들겠다는 다짐이다. 책을 쓸 때는 그 분야의 책들을 한 곳에 쌓아두고 읽으며 완벽하게 흡수했다고 생각이 될 때 책장에 다시 꽂아둔다. 책탑의 높이가 낮아지는 것을 지켜보며 희열을 느낀다. 쓰기 위해 읽는 책은 더 많은 집중력이 필요하다.

책을 읽다 보면 이해가 쉬워서 한 번에 흡수하는 책이 있고 끝까지 읽고 나서도 모르는 부분이 많이 남는 책이 있다. 저자와 독자가 교감하기 위해서는 충분한 이해가 필요하다. 한 번에 이해가 되지 않는 책은 다시 펼쳐서 그 책과 맞붙는 과정이 필요하다. 단, 여러 번 읽어야 할 만큼 가치가 있는 책에 한에서다. 독서 수준을 스스로 끌어올리기 위해 적극적인 독서에 도전하는 자세다. 소화가 잘되는 음식을 삼키듯 내 안으로 자연스럽게 흡수시키는 독서다. 책을 읽는 기쁨, 배우는 즐거움을 제대로 느끼기 위해서다. 기술을 익히는 사람이 수준 높은 기술을 연마하기 위해 끊임없이 배우고 성장하듯 책을 읽는 사람도 마찬가지다.

나는 목적 없는 독서를 하지 않기 위해 '책을 계속해서 써야겠다'고 다짐했다. 이렇게 글쓰기에 관한 책을 쓰면서 지금껏 내가 써온 책에 대해 돌아보고 생각할 기회를 얻는다. 책을 쓰기 위해 다양한 책을 읽었고, 지금 이 책을 쓰기 위해 또 다른 책들을 읽어내면서 세상은 넓고 읽어야 할 책은 넘쳐난다는 생각이 든다. 좋은 책에서 많은 배움을 얻고 좋지 않은 책에서도 깨달음을 얻는다.

철학자 모티머 J.애들러는 그의 저서 《독서의 기술》에서 독서의 네 가지 수준에 관해 이야기한다. 그동안 얕은 이해의 독서를 해온 독자들이 깊은 이해의 독서를 시작하는 데 도움을 주고자 이 책의 핵심 부분을 담는다. 어렵다고 난해하다고 포기하기에 난해하지만 좋은 책들이 많다. 제대로 된 노력을 해보지도 않고 내 수준이 낮다고 포기하기에 이른다. 독서 기술을 익혀 독서 수준을 끌어올리면 된다.

제1수준은 '초급 독서'로서 읽기, 쓰기를 전혀 못하는 어린이가 초보의 읽기, 쓰기를 습득하기 위한 수준이다. '이 문장은 무엇을 말하고 있는가.' 하는 것이 제1수준의 문제다. 하나하나의 단어를 식별하는 능력을 기초로 의미를 알아내는 작업으로 들어갈 수 있다.

제2수준은 '점검 독서'다. 다시 꼼꼼히 읽을 필요가 있는지 파악하기 위해 한정된 시간 안에 내용을 충분히 파악하는 독서다. 독서가조차도

간과하고 있는 부분이다. 첫 페이지를 읽기 전에 도서명, 서브타이틀, 목차를 읽고 서문, 선전 문구 등을 살펴보면서 책의 주제와 구조를 빠르게 파악한다. 주의력과 집중력을 동원해 책 전체를 띄엄띄엄 골라 읽는 독서다. 책의 커다란 테마, 의도를 발견할 실마리를 찾아 온갖 힌트에 주의를 기울이는 독서다. 핵심을 파악하지 않고 무작정 첫 페이지부터 펼치는 독서와는 수준이 다르다. 시간을 절약하고 책을 깊이 이해하기 위한 방법이다. 점검 독서를 하면서 해야 할 질문은 어떤 종류의 책인가, 무엇을 말하려 하는가, 어떤 구성으로 전개하고 있는가 하는 점이다.

점검 독서의 또 다른 방법은 난해한 책을 읽을 때 필요한 '표면 읽기'다. 난해한 책은 처음에는 무조건 통독하는 것을 원칙으로 한다. 어려운 부분이 나오더라도 신경 쓰지 않고 끝까지 읽어내는 과정이다. 셰익스피어의 희곡이나 애덤 스미스의 《국부론》과 같은 책을 읽을 때, 처음부터 많은 것을 얻으려는 욕심으로 읽으면 나무는 보고 숲은 보지 못하는 어리석음을 저지르게 된다는 사실을 말해준다.

제3수준은 '분석 독서'다. 점검 독서와 달리 시간의 제약이 없는 철저하게 읽는 독서를 말한다. '이 책은 전체로서 무엇에 관한 것인가.', '무엇이 어떻게 서술되어 있는가.', '책에 씌어 있는 것이 진실인가.', '거기에 어떤 의의가 있는가.'에 대한 답을 찾는 과정이다. 독서로 무언가를 배우려면 읽으면서 계속 질문해야 한다. 얼마나 많이 읽었느냐가 중요한 게 아니라 읽는 책은 철저하게 독파하는 독자야말로 훌륭한 저자가 된다. 저자의 수준까지 끌어올리기 위해 노력한 독자는 책을 자신의 것으로 완벽하게 소화시킨 사람이다.

제4수준은 고도의 독서 수준으로 '신토피칼 독서'다. 하나의 주제에 대해 몇 권의 책을 서로 관련지어서 읽는 독서다. 여기서는 읽는 책이 아니라, 독자 또는 독자의 관심사가 최우선으로 취급되는 '저자에게 독자의 언어로 말하게 하는' 독서다. 하나의 주제를 정하고 도움이 되는 책들을 선별해 주제와 밀접한 관련이 있는 책을 점검하고 가장 관련이 깊은 곳을 찾아낸다. 한 곳에 치우치지 않는 명제를 세우고 질문에 대한 저자의 대답을 정리해 논점을 명확하게 하는 과정이다. 신토피칼 독서는 '책에 확실히는 쓰여 있지 않은' 주제를 스스로 발견하고 분석할 수 있게 하는, 독자에 대한 요구도가 가장 높은 독서법이다.

모티머 J.애들러가 말하는 네 가지 독서 기술을 습득한다면 한 권의 책을 읽더라도 자기 것으로 소화할 수 있다. 철저한 독서를 몸에 익힌 독자는 결국 좋은 저자가 되고 싶다는 욕망을 가진다. 제대로 읽는 사람이 제대로 쓸 수 있다.

모티머 J.애들러가 말하는 네 가지 독서 기술을 습득한다면 한 권의 책을 읽더라도 자기 것으로 소화시킬 수 있다. 철저한 독서를 몸에 익힌 독자는 결국 좋은 저자가 되고 싶다는 욕망을 가진다. 제대로 읽는 사람이 제대로 쓸 수 있다.

005

나에게 질문을 던지게 하는
힘을 가지는 법

아들은 내가 하는 말끝마다 "왜?"라고 묻는다. 하기 싫은 수학공부는 왜 해야 하느냐고 묻는다. 살아가는데 '분수'가 도움이 되느냐는 등 하루에도 수십 가지 질문을 던진다. 제대로 답을 해주려면 머리를 빠르게 굴려야 논리적으로 설명할 수 있다.

아이들은 호기심이 끝이 없다. 생각해보니 나도 어릴 때 호기심이 많아 주위 사람들을 엄청나게 피곤하게 만드는 아이였다. 선생님들은 늘 "왜냐고 묻지 말고 그냥 외워라!"라고 말했다. 납득이 가지 않으면 하지 않았던 고집 센 아이였다. 어른이 되니 내가 필요한 답을 대부분 책에서 찾게 된다. 이 책에서 찾지 못하는 것은 다른 책에서 찾으면 된다.

좋은 책은 10년이 지난 후에 읽어도 좋은 책이라는 것을 알겠다. 시대가 지나도 계속해서 읽혀지는 책들은 삶에 대해 깊이 성찰하게 만든다. 얼마 전에 다시 읽었던 헤밍웨이의 《노인과 바다》는 나에게 새롭게 다가왔다. 헤밍웨이가 200번 이상 고쳐 쓴 글로 유명하다. 불행 앞에서 평정심을 유지하는 인간의 강인함에 대해 생각할 수 있었다. 인간의 삶을 공감한다는 것이 무엇을 의미하는지, 꿈을 가진다는 것은 어떤 의미가 있는지 읽는 내내 생각했다. 진짜 실패는 자신의 삶에 굴복하는 것이라는 깨달음도 얻었다. 인생은 견디고 또 견뎌내는 과정임을 어릴 때는 알지 못했기에 감동을 얻지 못했다. 이야기는 변하지 않았지만 내 삶이 변하면서 이야기를 받아들이는 자세가 달라진다. 그러니 좋은 글은 한 번이 아니라 여러 번 읽어야만 삶에 양분을 줄 수 있다.

시간이 날 때마다 고전을 찾아 읽는다. 살아낸 세월만큼 더 읽어낼 수 있는 그 무언가가 있다. 하나의 단편 소설 속에도 인생의 깨달음이 녹여져있는 글을 읽다보면 '나는 지금 잘 살아가고 있나?' 하는 의문이 든다. 글을 쓰면서 지금까지 매일 하는 질문은 '나는 작가로서 자격이 있나?' 하는 것이다. 어쩌면 질문에 답하기 위해 쉬지 않고 쓰는 것인지도 모르겠다.

우리는 늘 가지고 있는 것보다 가지고 싶은 것에 대해 더 많은 생각을 하며 살아간다. 하지만 정작 우리 자신을 돌아볼 수 있는 때는 일상이 만족스럽지 않을 때다. 내 삶이 흔들릴 때 비로소 지금까지의 삶을 돌아본다. 살아온 방식으로 더 이상 앞으로 나아가서는 안 되겠다는 자각을 한다. 일단 멈추고 자신에게 질문을 던질 수 있게 도와주는 것이 바로 책이다. 매일 보는 현실만 보면서 사고의 전환을 기대하기는 어렵다. 우리의 생각에 새로운 자극이 주어지지 않으면 변화할 수 없다.

대부분 사람들은 현재 내가 가지고 있는 것, 이룬 것들을 기준으로 지난 시간의 가치를 매긴다. 열심히 살았지만 가난하다면 그 삶들이 모두 의미 없는 시간처럼 느껴질지도 모른다. 나도 가끔은 그런 생각이 들 때도 있다. 나의 노력이 나의 열정이 모두 눈에 보이는 가치로, 결과물로 내 앞에 나타나는 것은 아니다. 하지만 지금껏 살아오면서 가지게 된 확고한 믿음이 있다면 눈에 보이는 것이 전부가 아니라는 사실이다. 꽃들도 저마다 활짝 피는 시기가 다르며 열매도 마찬가지다. 꽃을 피우지 못해도 열매를 맺지 못해도 존재 의미가 있다. 그 시기가 다를 뿐이고 그 어떤 것도 하찮지 않다는 것을 이제는 알겠다. 삶의 경험에 독서가 보태어진다면 최고의 배움을 얻지 않을까.

열심히 살아가다가 문득, '이게 뭐지?' 하는 의문에 부딪힐 때가 있다. 잠시 쉼표를 찍으라는 의미로 받아들이면 좋을 것 같다. 그럴 때 자신에게 질문을 던질 수 있는 수많은 경험을 해보라고 조언하고 싶다. 그것이 여행이든, 연애든, 책이든, 영화든 뭐든 상관없다. 내가 진짜 원하는 것이 무엇인지 자신에게 질문하는 것, 우리가 죽는 순간까지 놓쳐선 안 되는 가장 중요한 일이니까. 니체가 말하지 않았던가. 첫 번째 판단은 시대가 내 몸을 통해 판단한 것이니 버리라고 말이다.

개인적으로 좋아하는 노희경 작가는 '책은 읽고 끝나는 것이 아니라 이야기하고 기록하고 주위 사람들에게 권해야 한다'고 말한다. 한 인터뷰에서 책에 관해 이런 이야기를 했다.

"나는 인문 서적들이 계속해서 베스트를 차지하고 있는 것이 우려스럽다. 왜냐하면 힐링이나 그런 것들은 남들이 주는 것들이 아니란 생각이 드는 까닭이다. 자기가 고민해서 사유해서 찾아내면 참 좋겠다."

가장 좋은 질문에 가장 현명한 답이 있고 우리는 모두가 스스로 답을 찾아내는 능력을 이미 갖추고 있다는 것을 말해준다. 또 이상이 없는 사람은 현실을 잘 살아갈 수 없다고 말한다.

"이상이 구체화하고 명확해질 때 현실 이상의 가치를 가진다. 지금 당장을 급급해 하기에 현실이 잘 풀리지 않는다. 지금 일하고 공부하는 것이 나의 미래에 어떤 영향을 줄지 고민하지 않으니까 지금 공부하는 거고 그냥 일하는 것이 아닌가."

현실만 보고 산다면 이상을 가질 수 없고, 이상만을 추구하면 현실을 똑바로 바라볼 수 없다는 의미가 아닐까. 책을 통해 배움을 얻고 사유를 통해 세상을 바라보는 시야를 넓힌다면 원하는 인생을 살아갈 수 있다.

작은 일에서도 스스로 판단하기를 어려워하는 이들이 있다. 자신만의 세계관이 만들어지지 않았기 때문이다. 다양한 경험을 하고 폭넓은 독서를 하고 생각하는 연습을 통해 자신만의 관점이 만들어진다. 편파적인 독서가 위험한 이유는 읽은 책에서 얻은 것들이 전부라는 착각에 빠질 수 있고 그것을 자기 생각으로 굳힐 우려가 있어서다. 잡식성의 독서를 마구잡이로 하다 보면 나름의 관점과 시각이 생겨 자신만의 세계관을 만들 수 있다. 사회생활을 하고 사람을 대하면서 자신만의 관점이 없다면 이리저리 끌려다니기만 하는 인생을 살아야 한다. 인생을 나답게 살아내기 위해서 독서는 필수다. 읽은 책들이 내 의식에 흘러넘치게 되면 쓰지 않고서는 견딜 수 없는 순간이 오게 된다. 글을 쓰는 사람들은 모두가 책을 사랑하는 이들이다.

시간이 없어서 추천 책만 읽는 학생들, 직업 관련 책만을 읽는 직장인들은 모두가 수동적인 책 읽기를 하고 있다. 책은 스스로 선택하고 폭넓게 해야만 그 즐거움에 흠뻑 빠져들 수 있다. 처음부터 누군가에게 의지하는 책 읽기를 시작한다면 오래가지 못한다. 책을 통해 계속해서 방황하는 연습을 해야 한다.

책과 친해지기 위해서는 일단 책이 많은 곳에 가야 한다. 서점에 자주 가서 구경하고 그러다 마음에 들어오는 책이 있으면 살펴보고 구입을 해보는 것이다. 읽다 보면 끝까지 읽지 못하고 도중에 포기하는 책이 있을 것이다. 이럴 때 다시 시행착오를 겪고 싶지 않아서 책을 좋아하는 사람에게 의존하려는 마음이 생긴다. 실패하더라도 계속해서 스스로 책을 선택하려는 노력이 필요하다. 어느 순간, 자신과 잘 맞는 책을 만나게 되고 그 책을 통해 또 다른 책과 인연이 닿는다. 좋은 사람을 만나면 그 사람으로 인해 또 다른 인연이 만들어지듯 책도 마찬가지다. 좋은 책은 반드시 좋은 책을 만나게 해준다.

책을 스스로 선택하는 힘이 길러지면 책을 통해 삶에 대한 질문을 던지는 방황의 시간이 필요하다. 책을 덮었을 때, 자신에 대한 어떤 질문도 남지 않는 책이라면 의미가 있을까? 글을 읽을 때마다 손가락에서 모래가 빠져나가듯 사라지는 텍스트는 우리 삶에 아무런 도움이 되지 않는다. 시간을 보내기 위해 오락을 목적으로 한 책들만 읽는다면 독자는 성장할 수 없다. 많은 정보를 흡수했다고 마음까지 풍요로워지지 않는다. 책을 읽는 자신에게 가장 큰 선물은 '사색의 시간'이다. 우리가 하는 모든 행동은 인간으로서 제대로 살아가기 위함이기 때문이다. 읽을 때마다 다른 사실을 발견하고 자신의 의식을 끌어올려 주는 좋은 책을 계속해서 읽어야 한다. 책이 우리에게 주는 즐거움은 다양하다. 맛있는 음식이 많은데 굳이 한 가지 음식만을 고집할 이유는 없지 않겠는가.

나이가 들면 육체는 내리막길을 걷지만 정신은 한계가 없다. 육체가 늙어서가 아니라 정신이 사고하기를 멈출 때 죽음이 시작된다. 나이를 먹어도 계속 읽고 쓰는 사람들은 몸은 늙더라도 마음은 여전히 젊다.

006

자신을 변화시키는 데 필요한 힘을
어떻게 길러야 할까

학창 시절 나를 이끌어준 선생님이 몇 분 계신다. 중학교 때 수학 선생님, 고등학교 때 물리 선생님이다. 다른 선생님들보다 수업을 잘해서가 아니었다. 어떤 환경에서도 '우리는 모든 것을 해낼 수 있는 존재'라는 깨달음을 주셨기 때문이다. 악조건에서도 꿈을 이룬 사람들의 이야기는 나에게 자극이 되고 동기부여가 되었다. 힘들 때마다 그분들을 떠올렸고 나 역시 그렇게 될 수 있는 존재라는 사실을 의심하지 않았다. 자신의 믿음으로 살아가야 한다던 두 분의 가르침은 가슴에 남아 있다.

사회생활을 시작하면서 옆에서 이끌어줄 사람 대신 책 속에서 멘토를 만났다. 책 한 권 한 권에 멘토가 있었고 그들을 통해 나의 열정을 올바른 방향으로 이끌었다. 힘든 직장생활 동안 손에서 놓지 않았던 책은 누구보다 책임감 강한 사람으로 만들어주었다.

앤드류 매티스는 "당신의 마음과 신념 체계가 바로 지금 당신이 가진 것을 결정하며, 당신의 마음이 당신을 부자로도 만들고 가난뱅이로도 만든다. 사람은 생각하는 만큼 얻게 되어 있다."는 말을 했다.

축구선수 손흥민은 어릴 때 컨테이너에 산 적이 있을 정도로 가난했다. 16세에 독일 함부르크 유소년 팀에 입단했을 때 한국 식당에 갈 시간도 돈도 없어서 인터넷으로 사진을 검색해 구경했다고 한다. 늘어난 몸무게를 줄이기 위해 매일 오른발 500번, 왼발 500번, 1000개씩 슛을 때리는 지옥훈련을 했다. 그는 자신의 성장 스토리를 담아 자전 에세이 《축구를 하며 생각한 것들》을 출간했다. 손흥민에게 멘토는 어린 시절부터 헌신적으로 뒷바라지를 해준 아버지다. 잘못된 길을 갈 때마다 아버지의 따끔한 충고로 정신을 차렸다고 한다.

누구나 멘토를 필요로 한다. 어디로 가야할 지 모를 때 그 길을 알려준다는 것은 수많은 시행착오를 줄여주는 것과 같기 때문이다. 책 속에서 우리는 우리를 이끌어줄 뛰어난 멘토와 코치를 만날 수 있고 그들을 통해 역량을 키워 우리 스스로가 자신의 멘토, 누군가의 멘토가 될 수 있다. 갈릴레오 갈릴레이는 이런 말을 했다.

"우리는 누구에게 그 어떤 것도 가르쳐줄 수 없다. 단지 스스로 자신 안에서 그것을 발견하도록 도울 수 있을 뿐이다."

학창시절 일기장에 좋은 시들을 손 글씨로 써서 자주 들여다보았던 기억이 난다. 의미를 다 알 수는 없었지만 시가 주는 느낌이 좋았다. 지금도 매일 시를 읽는다. SNS를 통해 자신의 삶을 녹인 자작시들을 읽어보기도 하고 오랜 세월 동안 사랑받았던 시를 찾아서 읽기도 한다. 시는 삶을 살아가면서 느끼는 고통과 좌절감 그리고 사랑을 잃은 아픔을 공감하며 잠시나마 '쉼'의 시간을 가질 수 있도록 해준다.

드라마를 보다보면 가끔 시적인 대사들이 가슴에 박힌다. 시간이 지나도 나를 떠나지 않고 계속해서 울림을 주는 말들을 잊지 못한다. 삭막한 세상 속에서 시를 가까이하는 것만으로도 우리는 고통을 고통만으로 느끼지 않는 삶의 작은 여유를 가져볼 수 있다. 내 삶을 억압하지 않는 작은 여유, 지금 우리에게 필요한 것이 아닐까.

밥을 먹듯 매일 책을 읽고 나를 단단하게 채워나가기 위해 애쓴다. 아직도 배우고 또 배우기 위해 많은 시간과 돈을 투입한다. 책장에는 읽은 책들만 있는 것이 아니다. 아직 읽지 못했지만 읽고 싶은 책들이 가득하다. 책장의 공간이 부족해서 방 한쪽에는 책을 쌓아두기도 했다. 지금은 책이 가장 소중한 자산이다.

아이 교육비에 허리띠 졸라매고 먹고 싶은 거 참으며 살아가는 대신 가기 싫어하는 학원 보내지 않고 먹고 싶은 것은 사주는 나는, 보통의 엄마와는 다르다. 아이 학원비보다 내 책값이 더 많이 나간다. 그래도 한 가지 다행스러운 건 아이 스스로 자신이 행복하다 느끼며 살아가고 있다는 사실이다. 함께 책을 읽고 좋은 글귀를 나누며 생각을 공유하는 우리는 엄마와 아들이 아닌 친구로 살아가고 있다는 위안만이 나의 죄책감을 덜어준다.

호화스러운 집에 살면서도 책이 없다면 가난한 집이다. 재산을 물려주는 부모보다 지혜를 물려주는 부모가 좋은 부모라 생각한다. 수학 문제는 잘 풀지 못하지만 자신의 생각은 잘 써내려가는 아이를 보며 흐뭇하다. 수학 문제를 잘 풀어도 제 삶을 잘 풀어나가긴 쉽지 않은 세상이니까. 힘든 순간이 올 때 누군가에게 기대지 않고 스스로 답을 찾아가는 아이로 키워내는 엄마가 되고 싶다.

요즘 아들에게 읽히고 있는 책 한 권이 있다. 내가 읽어보고 좋아서 아들에게 권했다. 스펜서 존슨의 《멘토》라는 책이다. 스펜서 존슨은 이 책에서 '소피아 선생님'이라는 인물을 통해 '스스로 자신을 가르치는 방법'을 말해준다. 세상에는 지식을 넓혀 줄 스승은 많지만 진정한 멘토는 찾기 힘들기 때문에 스스로 멘토가 되어야 한다고 말한다. 언제 어디서나 내 안에 있는 멘토를 만나 대화하고, 또 그를 통해 더 많은 행복을 만들어나갈 방법을 알려준다. 이 책을 통해 '우리는 다른 사람들을 변화시키는 데 필요한 힘을 항상 갖고 있지 않지만 우리 자신을 변화시키는 데 필요한 힘은 항상 갖고 있다.'는 것을 깨닫게 된다.

책에 등장하는 소피아 선생님은 '배울 필요가 있는 것을 자신에게 가르칠 때 최상의 능력을 발휘하게 된다.'는 원칙을 가지고 아이들에게 세 가지 '1분 원칙'을 알려준다. 첫째, 1분 목표를 설정하고 둘째, 1분 칭찬을 해주며 셋째, 1분 성찰을 하는 것이다.

우선, 1분 목표 설정을 위해 자신에게 가르치고 싶은 것이 무엇인지 생각해보고 1인칭 현재 시점으로 목표를 달성한 것처럼 적는다. 목표는 달성 날짜를 포함해서 간략하고 구체적으로 적는다. 날마다 여러 차례 1분씩 투자해서 자신의 행동과 목표를 돌아보고 부합하는지 살펴본다.

1분 칭찬 실천은 자신의 목표와 행동을 살펴보고 무엇인가 올바른 일을 하고 있다는 사실을 확인할 때마다 1분간 그러한 행동을 칭찬하는 것이다. 실천법의 핵심은 즉각적이고 구체적으로 칭찬하고 기분 좋은 느낌에 집중하며 자신에게 자부심을 불어넣는 일이다.

1분 성찰은 목표에 부합하지 않은 행동을 했을 때, 즉시 그 사실을 깨닫도록 노력한다. 무엇을 잘못했는지, 자신에게 가르치는 것을 방해하는 것이 무엇인지 구체적으로 자신에게 말한다. 옳지 않은 행동과 '나'라는 사람 자체는 별개임을 상기한다. 행동을 바로잡고 자신을 긍정적인 시각으로 바라본다. 그릇된 행동 방식을 바꾸고 성찰을 통해 행동을 다듬는다.

소피아 선생님은 자신에게 멘토가 될 수 있는 1분 원칙을 통해 올바른 길을 가기 위해서는 항상 자신의 행동을 주시하고 잘못을 즉시 바로잡는 것이 중요하다는 것을 말해준다. 자신이 마음속에 떠올리는 것이 바로 인생에서 얻게 되는 것이라는 진리를 알려준다. 긍정적인 태도를 갖는 시간이 많을수록 행복해질 수 있는 날들도 많아진다.

우리는 힘들 때마다 원인을 바깥에서 찾으려 하는 경우

가 많다. 자신의 부족한 부분을 인정하고 받아들이는 것, 자신의 행동에 책임을 지는 것, 지금의 모습에서 출발해 더 나은 모습을 향해 노력하는 태도는 내 안에 있는 멘토를 만나게 해준다.

'신은 스스로 무너지는 사람에게 먼저 실패를 맛보게 한다.'는 말이 있다. 스스로 무너지기로 하지 않는다면 그 무엇도 우리를 쓰러뜨릴 수 없다. 좌절은 타인이 아닌 자기 자신에게서 나온다는 것을 잊지 말자. 자신을 알아가기 위해 끊임없이 책을 찾는 사람은 어떤 상황에서도 두려움을 떨쳐버릴 수 있는 이미 강한 사람이다.

007

드라마로 삶의 가치를 높이고
드라마 같은 삶을 만드는 법

어릴 때부터 부유하게 살았던 어머니는 문학소녀였다. 젊은 시절 아버지와 데이트하면서 찍었던 사진 속에서 어머니는 늘 책을 들고 계셨다. 비록 가난한 집에 시집와서 고생만 하셨지만 집에는 어머니가 시집올 때 가져온 책들로 가득했다. 오래되어 낡은 책들은 나의 흥미를 끌지 못했지만 책을 좋아하는 어머니처럼 나도 책을 많이 읽어야겠다는 마음을 심어준 것은 분명하다. 책은 이렇게 존재 자체만으로도 긍정적인 영향을 준다.

처음으로 규칙적인 용돈을 받기 시작한 것은 중학교 때였다. 용돈을 모아 버스를 타고 큰 서점으로 향하는 길이 그렇게 행복할 수 없었다. 친구들이 만화책에 푹 빠져있을 때 두꺼운 자기계발서와 철학서적을 읽곤 했다. 덕분에 어릴 적 내 별명은 '애어른'이었다. 친구들이 잘못하면 꼭 어머니가 잔소리 하듯이 훈계를 했기 때문이다.

가끔은 시집을 읽으며 마음에 와 닿는 시를 일기장에 써놓고 마음이 외롭고 허전할 때마다 꺼내 읽어보기도 하고 친구들에게 편지를 쓸 때 적어주기도 했다. 주말에 여유가 있을 때는 소설책을 잡고 하루 종일 읽기도 했다. 그때 고전 소설로 읽었던 '사랑 이야기'는 마치 사랑에 빠진 주인공이 된 것처럼 설레고 행복하며 아프고 슬픈 경험을 선물해줬고 삶과 사랑에 대한 진정한 의미를 일깨워줬다.

특히 문학 작품을 읽을 때 깊이 있는 간접 경험을 한다. 자신의 경험과 상상력에 따라 받아들이는 느낌이 다르다. 책을 읽는 동안 몰입이라는 과정을 통해 살아보지 못했던 세계로 빠져 들어가는 경험을 한다. 현실에서 원하는 사랑을 이루지 못한 사람들은 문학작품을 통해 동일성을 느끼고 싶어 한다. 많은 사람들이 연애를 하고 싶지 않다고 말하면서도 한 편으로는 자신의 불완전함을 해소할 만족을 필요로 한다. 한 권의 소설을 읽은 후, 직접 경험한 듯한 깨달음을 얻게 된다. 깨달음이 아니어도 상관없다. 한동안 마음에서 떠나지 않는 어떤 느낌이 남는다면 충분하다.

아들은 어릴 적 나처럼 애어른 같다. 젊은 사람보다 나이 많은 사람을 좋아해서 동네 노인복지회관 어르신들과 친하다. 오다가다 인사하다 친해졌다고 한다. 노인들의 고충을 누구보다 잘 알고 있다. 학교에서 배우지 못하는 것을 동네 어르신들에게서 배운다.

함께 지하철을 타고 가면 꼭 노약자석으로 가서 할머니 할아버지와 수다를 떤다. 어딜 가나 어르신들이 아들 잘 키웠다고 가만히 있는 나를 칭찬한다. 어르신들에겐 인사 잘하고 노인을 공경하면 훌륭한 아이다. 그래서 아들은 할아버지 할머니들이 좋은가 보다. 공부 잘하느냐고 물어보지는 않으니까. 낯선 어른들과 금방 친해지는 아들이 가끔은 나보다 어른스러워 보인다. 책을 읽을 때도 깊이 생각하고 다양한 생각을 글로 표현한다. 일상과 독서가 자연스럽게 이어지는 느낌이다. 아들에게 공부는 못해도 책을 좋아하는 사람이 되라고 말해준다.

책을 읽으며 지난날 수많은 경험을 되돌아본다. 어쩔 수 없는 선택이었다고 생각했던 순간들은 결코 어쩔 수 없는 선택이 아니었다. 배신감으로 인연을 끊었던 수많은 사람들을 떠올려보면 내 선택은 늘 어리석었다. 최선이라 여겼던 것이 최선이 아니었고 진실이라 믿었던 일들이 진실이 아닐지도 모른다. 후회하지 않을 거라 확신했던 일들은 후회를 남겼다.

우리는 책을 통해 어리석은 욕망에 끌려다니지 않고 타인을 받아들이는 법을 알게 된다. 지금의 내 삶에 충실하지 못한다면 타인의 삶에서 그 어떤 깨달음도 얻기는 힘들다. 자신의 삶을 제대로 끌어안을 수 있는 사람이 타인의 삶도 자신의 삶으로 가져올 수 있지 않을까.

선입견 없이 다양한 장르의 책을 읽었던 학창시절, 그 순간의 삶을 지금 소환하고 있는 중이다. 책을 통한 마음의 휴식을 얻고, 조건 없이 책을 사랑했던 그때의 마음으로 내 인생에서 소외시켰던 책에도 관심을 가져보려 한다. 꼭 읽고 싶은 책이 있는데 절판된 책들은 중고서점에서 구해서 읽는다. 누군가의 손때가 묻은 책이 싫지만은 않다. 책은 낡았지만 낙서한 흔적은 없어서 새 책처럼 느껴질 때도 있다.

　나는 책과 함께 '드라마'를 좋아한다. 죽을 때까지 읽고 또 읽어도 고갈되지 않을 책과 타인의 삶 속으로 풍덩 빠져들 수 있는 드라마가 좋다. 드라마에 푹 빠져있을 때 누군가는 내게 이런 말을 했다. 드라마는 드라마일 뿐이라고. 현실은 드라마 그 이상이라고 말하고 싶다. 여행가는 것보다 드라마를 더 좋아했기에 어릴 때부터 드라마를 통해 인생을 배우고 깨우침을 얻었다. 현실을 따라오지 못하는 드라마를 보면 화가 났고 생각지도 못했던 삶을 엿볼 때면 마치 내가 다른 삶을 사는 것처럼 느껴졌다.

　그저 웃고 마는 드라마가 아닌 진짜 인생을 말해주는 드라마, 내가 모르고 지나칠 수 있는 사회 문제를 끄집어내어 눈 가리고 귀 막지 말라고 말해주는 그런 드라마가 좋다. 책과 드라마는 보고 싶은 것만 보고 알고 싶은 것에만 관심을 기울이며 살아가는 지금의 삶에서 다르게 살아가야 하는 이유를 말해준다.

　지금도 떠올리면 가슴 아픈 드라마가 있다. tvN에서 방영했던 〈마더〉라는 드라마다. '아동 학대'라는 소재를 다루고 '모성'에 대해 이야기한다. 드라마를 통해 진정한 모성은 무엇인가를 생각해볼 수 있었다. 아이를 버린 엄마가 사회의 또 다른 피해자라면 과연 엄마만의 잘못일까 하는 생각이 든다. 상처받아서 누군가에게 상처를 주는 사람과 상처받았기 때문에 누군가의 상처를 감싸 안을 수 있는 사람이 존재한다. 누군가의 사랑으로 상처가 치유된 사람은 다른 인생을 선택한다. 우리가 겪는 아픔이 아픔으로만 존재하는 것이 아니라는 것을, 아픔 속에서 다른 인생을 볼 수 있다면 충분히 그 삶을 바꿀 수 있다는 것을 책 그리고 드라마를 통해서 배운다.

내가 만약 엄마가 아니었다면 드라마 속 '고통받는 아이'의 슬픔이 이토록 내 가슴을 후려치진 않았을 것이다. 〈마더〉는 한국 드라마 최초로 칸 무대에 올랐다. '제1회 칸 국제 시리즈 페스티벌' 공식 경쟁부분에 진출했다. 전 세계 드라마 중 9개 국가의 10개 작품만 공식 경쟁부분에 뽑히는데 아시아를 대표해서 〈마더〉가 선정된 것이다. 좋은 작품이라는 것을 인정받게 되어 기뻤다.

좋은 드라마는 좋은 책을 읽는 것처럼 많은 사유를 필요로 한다. 나는 드라마를 본 후 대본집을 자주 산다. 책으로 읽으며 다시 한 번 느끼고 깨닫고 싶어서다. 좋은 드라마는 좋은 책이 되고 좋은 책은 좋은 드라마가 된다.

영상 매체를 의미 있게 볼 수 있다면 책 이상으로 내 삶에 양분을 줄 수 있을 거라 믿는다. 책과 영상 매체 그리고 경험이 어우러져 타인을 깊이 있게 이해하고 공감하며 이전과는 다른 관점으로 살아가게 된다. 책이 우리에게 '편파적인 사고의 위험성'에 대해 말해주듯이 우리가 배움을 얻는 매체가 무엇이든 경험해보고 판단하며 좋은 것을 자신의 삶에 보태려는 노력이 필요하다. 책이 좋으니 책만 읽으라고 말하는 것도 편파적인 사고의 하나가 아닐까.

다양한 장르의 책, 드라마, 영화 등을 보며 스스로 만들어낸 틀에서 스스로 빠져나올 때 우리는 성장한다. 내가 얻은 배움과 감동을 누군가에게 공유할 때 그 가치는 증폭된다. 가슴속에 진한 여운을 남기는 글이나 대사를 발견하면 누군가에게 메시지를 보내어 느낌을 함께 나눈다. 감사 일기에 쓰기도 하고 많은 사람들이 볼 수 있는 곳에 올리기도 하면서.

언젠가 꼭 드라마 작가가 되고 싶다는 꿈이 있다. 약자를 대변하고 사회에 대한 책임감을 느끼고 살아가며 그것을 드라마로 풀어 보고 싶다. 이렇게 글로 적으면서 '종이에 쓰면 이루어지는 기적'을 기대해본다. 나를 성장시키는데 책뿐만이 아니라 드라마도 한몫했기 때문이다. 무엇을 보고 읽든 그 속에서 나를 변화시킬 무언가를 찾을 수 있다면 충분하다. 메마른 바위틈 사이에 피어난 꽃 한 송이를 보고도 우리는 깨달음을 얻을 수 있는 존재니까.

운명은 정해진 것이 아니며
스스로 선택할 자유와 권리가 있다

기 드 모파상 《여자의 일생》

《여자의 일생》은 기 드 모파상의 첫 장편 소설로 그녀가 태어난 19세기 중엽은 귀족 계급이 지배력을 상실한 시대였다. 그는 건강하지 못하여 마흔세 살의 나이로 요양원에서 생을 마감했다. 모파상의 삶은 불행했지만 십 년 남짓한 기간 동안 300여 편에 이르는 단편 소설과 장편 소설 여섯 편을 집필했다. 그 외에도 시, 희곡, 여행기 등을 남겼다.

《여자의 일생》은 잔느라는 한 여자의 일생을 그린 소설이다. 지금의 시대와 거리가 있지만 그녀의 삶이 멀게 느껴지지 않는다. 이 소설을 통해 19세기 여성의 삶을 예측해볼 수 있다. 어린 시절, 꿈 많던 한 소녀가 급작스럽게 결혼이라는 환경에 놓이며 원하는 삶의 모습에서 멀어져간다. 아버지의 뜻에 따라 수녀원에서 보내다가 자유로운 생활을 누린 지 얼마 되지 않아 약혼하게 된다. 잔느는 약혼식 날 남자의 이름을 확인한다. 어른들 눈에도 괜찮은 사람처럼 보였고 그녀의 눈에도 멋있어보였던 그와 함께라면 당연히 행복할거라 믿었다. 하지만 약혼자는 결혼 이후 본색을 드러내기 시작했다. 잔느는 모든 것이 잘못되었다는 것을 깨닫고 자신에게 질문한다.

'내가 남편을 사랑했던가?'

그녀에게는 생각할 시간이 없었다. 남자를 충분히 알아갈 시간도, 남은 인생을 어떻게 살아가야 할지 고민할 시간도 말이다. 결혼식 후 달라진 남편 쥘리앵의 모습을 지켜보며 앞으로의 인생에 고독과 적막이 함께하리라는 것을 짐작했다. 자신의 이기심을 채우고자 그녀에게 접근했다는 사실을 너무 늦게 알아버린 것이다. 보이는 것이 전부가 아니라는 것을 그녀에게 말해준 사람도 없었으며 그렇게 중요한 것을 깨우칠 기회도 없었기 때문이었다.

소설은 잔느를 중심으로 그녀의 삶이 어떻게 변화되는지 보여준다. 분량이 적지 않지만 눈을 뗄 수 없을 만큼 이어질 내용이 궁금했다. 《여자의 일생》은 왜 시대가 변하고 변해도 이토록 공감되는 것일까를 생각해본다. 사회 제도나 사회 분위기 등 모든 것들이 지금과 완전히 다름에도 불구하고 왜 이토록 가깝게 느껴지는가를. 시대를 떠나 인간의 삶에서 필요한 조건과 자격은 달라질 수 없다는 진리를 깨우친다.

잔느의 삶을 따라가다 보면 인간이 살아가면서 '미래에 대한 희망'을 가질 수 있다는 것이 얼마나 큰 축복인가를, 미래를 알 수 없다는 것은 미래를 바꿀 수 없다는 사실보다 얼마나 긍정적인 의미가 있는가를 깨닫게 된다. 자신의 결혼이 실패라는 것을 깨닫는 데 오래 걸리지 않던 잔느는 같은 공간에서 다른 느낌을 받는 경험을 한다.

'왜 이렇게 가슴 아프게 느껴지는 것일까? 이 집, 이 정다운 고장, 이 제껏 가슴을 설레게 하던 이 모든 게 왜 오늘은 이렇게 비통해 보이는 걸까?'

일상에서 하찮은 것이라 여겼던 사소한 것들은 어떤 근심이 마음속을 가득 채울 때 다르게 다가오는 법이다. 인간에게는 어디에 사는가보다 누구와 사는가가 훨씬 중요한 문제다. 남편의 배신, 사랑하는 가족의 죽음, 아들에 대한 집착이 낳은 고통은 그녀의 삶 전체를 허무하게 만들었다. 그녀는 자신이 운이 없다고 말했지만 그녀의 하녀는 그녀에게 운이 나쁜 것이 아니라 남편을 제대로 고르지 못했기 때문이라고 말해준다. 그녀는 자신의 운명을 스스로 개척할 힘이 자신에게 있다고 믿지 않았기 때문에 모든 것을 운명 때문이라 생각했다.

하지만 그녀를 고통으로 몰고 갔던 남편의 죽음도 삶을 행복하게 만들어주지 못한다. 사랑받고 싶은 마음은 아들에 대한 집착으로 이어졌고 고통스러운 순간이 올 때마다 어떤 결단을 피했던 건 그녀 자신이었기 때문이다. 자신의 이익을 망각하지 않는 남자와 살아가는 지옥 같은 삶에서도 다행스러운 건 한 가지 있었다. 타락해 가는 사람들의 양심 가운데서 자신의 양심이 고립되어 있다고 느낄 정도로 자신의 가치관을 모두 버리지 않았다는 것이다. 변화를 위해 반박하며 적극적으로 싸우진 못하더라도 말이다.

그 자체를 위한 선택이 아니라 도피를 위한 선택은 행복을 가져다주지 않는다. 잔느의 삶을 통해 이 시대 여자의 삶을 떠올려본다. 19세기 여성의 삶과 지금의 삶은 무엇이 달라졌는가에 대해서 말이다. 잔느와 다르게 우리는 교육에 대해 주체적인 삶을 살아가고 있는지, 사랑과 결혼의 선택에서 부모로부터 독립적인지, 자식의 삶과 자신의 삶을 따로 생각할 수 있는지 묻고 싶다.

잔느의 삶보다 우리 어머니의 삶이 나았다고 말할 수 없는 걸까. 어머니의 삶보다 지금 우리의 삶이 완전히 달라졌다고 자신할 수 없는 것일까. 이 소설을 읽는 사람마다 느끼는 부분이 분명히 다를 것이다. 살아온 삶의 방식에 따라, 교육받으며 스스로 받아들인 가치관에 따라 다른 깨달음이 있을 거라 믿는다. 하지만 여자의 삶에서 필요한 조건이 무엇인지에 대해 한 가지 정도는 생각을 함께할 수 있지 않을까. 운명은 정해진 것이 아니며 누군가에 의해 결정되는 것이 아니라 스스로 선택할 자유와 권리가 있다는 사실을 말이다.

죽는 날까지 스스로를 책임지며 홀로
외롭지 않을 만큼 뭔가에 몰입할 수 있기를

어니스트 헤밍웨이 《노인과 바다》

여러 번 읽으면서 읽을 때마다 다른 깨달음을 얻는 책, 어니스트 헤밍웨이의 《노인과 바다》다. '운이 없는 사람'이라 불릴 정도로 오랫동안 고기를 잡지 못했던 노인은 사람들이 생각하는 것만큼 자신의 삶을 비참하게 여기지 않는다. 소설 속 노인은 아무 말 없이 우리에게 위안을 주는 바다와 같은 사람이다.

'단지 내게 운이 따르지 않을 뿐이야. 하지만 누가 알겠어? 어쩌면 오늘 운이 닥쳐올는지. 하루하루가 새로운 날이 아닌가. 물론 운이 따른다면 좋겠지. 하지만 나로서는 그보다는 오히려 빈틈없이 해내고 싶어. 그래야 운이 찾아올 때 그걸 받아들일 만반의 준비를 하고 있게 되거든.'

하는 일마다 운이 따르는 사람에게 완벽한 준비는 불가능하다. 운이라는 것의 가치를 알지 못할 것이다. 곰곰이 생각해본다. 나는 운이 좋은 사람인가를. 새로운 것에 도전하거나 하고 있는 일을 더 잘하고 싶을 때도 운을 바랐던 적은 없었다. 그냥 묵묵히 내 길을 가고 있을 때, 힘들지만 견뎌내고 있을 때 비로소 운이라는 것이 내 손을 잡아주었다. 어쩌면 내가 생각하는 운이라는 것은 운이 아닐지도 모른다. 당연히 찾아오는 결과일지도 모르겠다. 하지만 나는 그것을 운이라 부른다.

노인은 어부로 살아가며 이 세상에 쉬운 일이 없다는 것을 알고 있다. 인간이 해낼 수 있는 것에 한계가 없다는 것도 믿는다. 자신이 그런 믿음으로 버텨왔던 것처럼. 오랜 실패에도 굴하지 않고 홀로 바다로 나가 며칠이 걸려서 큰 고기를 잡는다. 노인처럼 아니, 노인보다 더 의지가 강한 고기를 만난 탓에 노인도 포기하지 않고 고기가 스스로 포기할 때까지 기다렸다. 꿈이었으면 싶었지만 운이 없게도 상어를 만났고 희망은 없었지만 단호한 결의와 의지로 상어를 물리친다. 고기의 일부는 훼손되었다. 노인은 상어를 만나 차라리 아무 것도 하지 않았다면 나았을까를 생각했다. 좋은 일은 어차피 오래가지 않는 법이니까.

"하지만 인간은 패배하도록 창조된 게 아니야." 노인은 말했다. "인간은 파멸당할 수는 있을지 몰라도 패배할 수는 없어."

좋은 일은 오래가지 않지만 좋지 않은 일도 좋은 일을 가져올 때가 있다. 상어 덕분에 700킬로그램이나 되는 고기의 무게가 줄어들어 다행히 배는 가볍게 달릴 수 있었으니까. 그는 희망을 버린다는 건 어리석은 일이라 생각했다. 별 볼 일 없는 늙은이지만 아직 쓸모가 있다고 믿었다.

책도 라디오도 없는 노인은 자신과 관련된 일에 대해 생각하는 것이 좋았다. 낚시하는 것은 단지 먹고 살기 위해서만이 아니었다. 어부였기 때문에 그리고 자존심을 지키기 위해서였다.

노인이 잡은 고기를 배에 싣고 집으로 가는 길은 순탄하지 않았다. 계속 상어의 공격을 받았기 때문이다. 하지만 온 힘을 다해 싸우기를 반복했다. 그때마다 배의 무게는 점점 더 가벼워졌고 결국에는 고기의 등뼈와 머리통만 남았다. 노인에게 남겨진 고기는 없었지만 물질이 아닌 정신적인 승리로 자존심을 회복할 수 있지 않았을까.

《노인과 바다》는 헤밍웨이가 자살하기 전 마지막 작품이었다. 작가의 정신은 작품에 드러난다고 생각한다. 헤밍웨이의 작품을 모두 접하진 못했지만 이 작품 하나만으로도 어떤 정신의 소유자인지 알 것 같다.

지금의 시대는 노인이 살아가기 힘들다. 젊은 사람들도 자리를 잡지 못하는 사람들이 많은데 이미 쇠퇴해버린 사람들에게 더 많은 기회를 줄 리 없다. 나이를 먹을수록 몸은 쇠퇴하고 기회는 줄어들지만 젊은 세대들이 배울 수 있는 부분은 많다. 시간 앞에서 모두가 공평하기에 누구나 늙어갈 수밖에 없다. 이 작품을 읽을 때마다 노인을 바라 보는 내 시선이 달라짐을 느낀다. 나도 언젠가 지금을 그리워하며 늙음을 한탄하는 날이 오겠지. 이런 생각이 들 때마다 오늘 하루를 허투루 보낼 수 없다. 죽는 날까지 자신을 책임지며 홀로 외롭지 않을 만큼 뭔가에 몰입할 수 있기를 바란다. 물질적 승리가 아닌 정신적 승리를 위해 포기하지 않는 삶을 살아야겠다고 다짐해본다.

사랑의 아픔에도 계속 사랑하며 삶의 균형을 맞추어가는 것이 바로 진정한 삶

영화 〈먹고 기도하고 사랑하라〉

"아이를 낳는 건 얼굴에 문신하는 것과 같아."

"확신이 서야 하거든."

아이를 키우고 있는 친구는 리즈에게 이런 말을 한다. 아이를 낳는 건 얼굴에 문신하는 것과 같다는 말에 공감한다. 얼굴에 문신한다는 것은 몸에 문신을 하는 것과는 다르다. 신중하게 또 신중하게 생각하고 결정해야 한다. 하고 나서 후회해봤자 소용없기 때문이다. 후회는 끊임없는 고통을 의미한다.

요즘은 결혼해도 아이를 갖지 않는 사람도 많고 결혼을 하지 않아도 아이를 키우는 사람도 많다. 어쨌든 자신의 신중한 선택으로 결정해야 한다. 아이를 키우는 것은 큰 책임감이 필요하다. 아이를 낳지 않는 것은 상관없지만 낳았으면 제대로 키워야 할 의무가 있는 것이다. 그러니 신중해야 한다.

줄리아 로버츠 주연의 영화 〈먹고 기도하고 사랑하라〉는 제목에 끌려 보게 된 영화다. 주인공 리즈는 이혼을 결심한 후 자신의 삶을 찾기 위해 세계 여행을 떠난다. 자신이 원하는 진짜 삶을 찾아가는 과정에서 음식과 영성, 사랑에 대한 생각의 변화가 일어난다.

리즈는 저널리스트 작가다. 안정적인 생활, 멋진 남편, 그럴듯한 아파트까지 남들의 눈에는 모든 것을 가진 여자지만 행복하지 않다. 음식을 맛있게 먹었던 적은 언제였는지 기억조차 나지 않는다. 더는 이렇게 살아갈 수 없다고 느낀 리즈는 용기를 내어 현실을 벗어나기로 결심한다. 머무르는 것보다 떠나는 것이 힘든 법이다.

리즈는 이혼 후 다른 누군가를 사랑하게 된다. 하지만 함께하면서 서로를 힘겹다고 느낀다. 리즈는 행복하지 않지만 함께하는 것이 낫지 않겠냐는 남자의 제안을 거절하고 여행을 떠난다. 살아왔던 방식을 유지하는 것은 변화를 받아들이기보다 쉽다. 새로운 선택을 할 필요가 없고 그저 견디면 되니까. 새로운 변화를 맞이하기 위해서는 이전과 다른 선택을 해야 하고 그 선택은 혼란을 가져온다. 지금껏 살아왔던 모든 일상을 뒤흔드는 혼란을 받아들이고 더 큰 고통을 견뎌내야 한다.

배는 항구에 정박하기 위해서가 아니라 항해하기 위해 존재하는 것처럼 우리의 삶 또한 마찬가지다. 스스로 고통을 받아들이지 않으면 어떤 변화도 얻기 힘들다. 우리가 그동안 '안정적이어서'라는 이유로 선택했던 것들이 과연 안정적이었나. 나이를 먹으면서 느끼는 건, 안정적인 건 어디에도 없다는 사실이다. 스스로 그렇게 믿고 싶을 뿐. 가끔은 현실에 머무는 것보다 힘든 선택을 해야 할 때가 있다. 그 순간 용기를 내기 위해서라도 우리는 늘 자신의 삶을 돌아볼 줄 알아야 한다.

리즈는 이탈리아에서 맛있는 음식을 먹고 새로운 사람들을 만나 행복한 시간을 보낸다. 음식으로 인해 억압된 삶이 아닌, 음식에 대한 진정한 자유를 만끽한다. 누군가에게 잘 보이기 위해 살을 빼야겠다는 강박관념에서 벗어나 있는 그대로의 자신을 들여다본다. 이탈리아를 떠나 인도로 향한 리즈는 기도하는 것조차 뜻대로 되지 않아 고통을 느낀다. 두렵지만 한 번은 무너져야 한다는 것에 공감한다.

살다가 어떤 두려움에 빠질 때면 두려움을 피하기 위해 이런저런 방법을 찾으려하지만 생각하면 할수록 더 괴로운 상황을 만들 때가 있다. 차라리 바닥끝까지 경험하고 나면 그동안 갇혀있던 두려움의 실체가 생각보다 큰 존재가 아니었다는 것을 깨닫게 된다. 나이를 먹을수록 인생은 피하면 피할수록 더 복잡해지고 더 힘들어진다는 생각이다.

리즈는 모든 것이 두렵고 혼란스럽지만 용기를 내어 자신의 내면 바닥 끝까지 가보기로 한다. 진짜 원하는 것이 무엇인지, 어떻게 살아야 하는지 끊임없이 고민한다. 때로는 두렵고 때로는 가슴 아프지만 내면의 목소리에 귀 기울인다.

인도에서의 여행은 자신 안에 있는 신을 발견하는 과정이었다. 신은 완벽한 인간을 기대하지 않는다는 것을 깨닫게 된다. 스스로 생각이 변하지 않으면 아무것도 달라지지 않는다는 것을 알게 된다.

"가슴이 아프다는 건 노력한다는 것이지요."

발리에서 만난 영혼의 치료사는 리즈에게 삶에 대한 깨달음을 전해준다. 가슴이 아프다는 건 노력한다는 것이라고. 발리에서 만난 새로운 사랑에 혼란을 겪으며 삶의 균형을 찾기 위해 노력한다. 아무것도 하지 않으면, 생각 없이 살면 아무런 고민 없이 살 수 있다. 하지만 나는 그런 인생이 살아있는 삶이라 말하고 싶지 않다.

사랑은 무섭고 위험하다. 행복해지기 위해 사랑을 선택하지만 사랑하면서 자신의 진짜 모습을 잃기 쉽다. 그래서 무섭고 위험하게 느껴진다. 누군가에게 기대고 싶은 마음에 나약해진 자신을 마주하게 되면 자신이 싫어지기도 한다. 사랑은 달콤하지만 위험성을 동시에 지니고 있다.

리즈는 발리에서 사랑하는 남자를 만났지만 그와 함께하는 것이 두렵다. 사랑이 행복만을 주지 않는다는 것을 잘 알고 있기 때문이다. 자신을 또다시 잃어가는 것이 두렵기만 하다. 영혼의 치료사는 그녀에게 말한다. 균형이 깨지면서 더 큰 균형을 찾아가는 것이라고. 사랑을 포기하고 떠나려 했던 리즈는 다시 사랑을 선택한다. 그리고 그에게 말한다.

"같이 건너보자."

사랑해서 아픔을 겪어본 적이 있는 사람은 사랑에 대한 두려움을 갖게 된다. 사랑해보지 않은 사람은 사랑에 대해 부정적으로 생각할 이유가 없다. 자신을 고통 속에 빠뜨린 적이 없으니까. 사랑의 상처가 치유되지 않은 사람은 더는 사랑을 선택하고 싶지 않다. 누구를 만나도 행복하지 않을 거라는 생각이 들기 때문이다. 하지만 어떤 상처에도 다시 사랑할 수 있는 이는 강한 사람이다. 자신을 잃어가고 다시 찾아가는 과정에서 스스로 내면을 강하게 만들었기 때문이다. 그렇다면 다시 시작할 용기를 얻을 수 있다.

"먹고 기도하고 사랑하라."

영화의 제목처럼 잘 먹고 매일 감사하는 마음으로 기도하며 내 안에 있는 신을 찾아가는 것, 사랑의 아픔에도 계속 사랑하며 삶의 균형을 맞추어가는 것이 바로 진정한 삶이 아닐까 하는 생각을 해본다. 장미 가시가 따갑다고 장미가 아름답지 않은 것은 아니다. 사랑도 우리 인생도 마찬가지일 것이다.

지금 필요한 건 눈에 보이지 않는 가치를 믿으며 자신을 찾기 위해 고독을 견뎌내는 것

영화 〈고흐, 영혼의 문에서〉

원고를 쓰면서 틈틈이 영화, 드라마를 본다. 영상 매체가 주는 즐거움을 놓치지 않기 위해서다. 영화나 드라마의 원작 소설을 찾아서 읽기도 하고 영화 시나리오나 드라마 대본을 구매해서 읽기도 한다. 오늘은 모두가 잠든 시간에 〈고흐, 영혼의 문에서〉라는 영화를 봤다. 빈센트 반 고흐는 네덜란드 출신의 프랑스 화가다. 생전에는 소수의 사람들이 그의 그림을 알아봤을 뿐이다. 영화를 보며 그림을 그리는 것과 글을 쓰는 것이 비슷하다는 생각을 했다. 몰두하면서 자기 생각을 표현한다는 점에서 말이다.

"뭔지 모르지만 제 안에 뭔가가 있어요. 저만 볼 수 있는데 그게 때론 무서워요. 정신이 나가나 봐요. 그럴 때면…제 자신에게 말하죠. '내가 보는 것을 보지 못하는 사람들에게 보여주자.' 특권인 거죠. 희망과 위안을 주는 것."

고흐는 자신의 그림으로 사람들에게 살아있다는 느낌을 전해주고 싶다고 말한다. 대부분의 사람은 그것을 느끼지 못하고 있다고 생각했다. 불행하게도 자신의 그림을 제대로 봐주는 사람이 없었다. 사람들의 비난에도 고흐는 작업을 멈추지 않았다.

"신이 자연이고 자연은 아름다움이에요."

고흐는 자연과 함께 숨 쉬며 그 속에서 그림을 그리는 것을 좋아했다. 자연은 그림을 그림으로써 영원히 살아있게 하는 것이라 생각했다. 꽃이 피면 지지만 그 꽃을 그림 안에 담으면 영원히 살아 있을 테니까. 사람들이 인정해주지 않아도 스스로 타고난 화가라고 믿었다. 왜 그렇게 생각하느냐는 질문에 고흐는 이렇게 답한다.

"노력해봤지만 다른 건 할 수가 없었습니다."

스스로 그림을 그리는 재능밖에 없다고 생각했다. 재능이라는 것은 타인이 인정해주어야만 그렇게 불릴 수 있다고 생각지 않았다. 누구나 재능을 타고나며 미친 듯이 몰두할 수 있는 것이 재능이라 생각했던 것 같다.

그는 가난과 추위, 뜻하지 않는 시련 속에서 견디기 어려운 외로움을 느끼면서도 그림을 놓지 않았다. 사람들이 이해해주지 않더라도 자신의 길을 가는 것이 자신에게 주어진 삶이라 여겼다. 자신은 시대를 잘못 타고 난 것 같다고 말한다. 미래의 사람들을 위해 신이 자신을 화가로 만들어준 것 같다고. 고흐는 자신의 운명을 알고 있었던 것일까. 자신과 그림을 동일시하며 보이지 않지만 볼 수 있었던 것들의 가치를 믿었던 것이 아닐까.

"씨를 뿌리기 위해 살지만 수확은 당장 없잖아요. 전 제 장점과 단점들로 그려요."

화가들 사이에서도 계급이 형성되고 판매되지 않는 그림에 대해 가치를 낮게 매겼던 현실에서도 그에게 좌절은 없었다.

"생각을 멈추려고 그림을 그려요. 생각을 멈추면 그제서야 비로소 느껴지지요. 내가 내 안팎 모든 것의 일부라는 게."

미친 듯이 그림에 몰두했던 것은 지독한 외로움을 견디기 위해서가 아니었을까. 생각하지 않는다면 비참한 현실 따위를 떠올릴 필요가 없을 테니까. 그는 자신이 좋아하는 작가들의 작품을 보며 자신만의 방식을 만들어갔다. 그는 자신이 세상에 줄 선물이 그림이라 생각했고 예술가라면 당연하다고 여겼다. 자신이 보는 모든 것을 세상 사람들과 공유하고 싶다는 욕구가 강했다.

"성공작이 하나 나오기까지 수많은 실패와 파기가 있다."

자신의 실패를 실패로 보지 않았다. 만족스러운 작품을 만들어내기 위해 당연한 과정이라 여겼다. 그는 슬픔 속에서 기쁨을 느낀다고 말한다. 천사는 슬픈 사람들 가까이에 있다고 믿었으며 때론 병이 우리를 치료해준다고 생각했다.

영화를 보며 잠시나마 지독한 고독에 빠져본다. 누군가의 삶에 영향을 준다는 것은 이토록 외로움 삶을 견뎌낸 대가가 아닐까. 현재 우리의 삶에서 결론지을 수 있는 것이 과연 얼마나 될까. 눈에 보이지 않는 가치를 믿으며 자신을 찾기 위해 고독을 견뎌내는 것, 지금 우리에게 필요한 것이 아닐까 생각해본다.

두
번
째

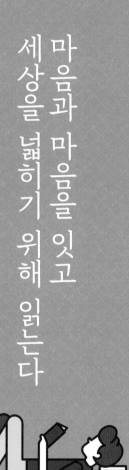

마음과 마음을 잇고
세상을 넓히기 위해 읽는다

그동안 공감이라고 생각해왔던 것들은
과연 진정한 공감이었을까

사람들과 대화를 하다 보면 신조어를 이해하지 못해 웃음거리가 되는 경우가 있다. 신조어를 부지런히 깨우치지 않으면 아들과의 대화도 쉽지 않겠다는 두려움이 생길 정도다. TV를 보거나 사람을 만나는 시간보다 책을 읽는 시간이 많으니 빠르게 생겨나는 신조어와 멀어지는 게 당연하다. 요즘 10대를 중심으로 신조어가 빠르게 생산되고 퍼진다. 예능 프로그램뿐만 아니라 보도, 시사 프로그램에서도 신조어가 등장한다. 청각 장애우들은 일반인 이상으로 이해하는 데 어려움을 겪는다.

하루는 직원 없이 운영하는 태국 음식점에 다녀왔다. 요즘 직원 없는 식당이 늘고 있다. 패스트푸드와 커피 매장의 무인 주문 시스템은 일반인들에게는 편하지만 특히 시각 장애우들은 이용할 수 없다. 나도 처음에는 방법을 제대로 몰라 헤맸다. 매장은 인건비를 줄여서 좋겠지만 약자들을 위한 배려는 찾을 수 없어서 안타깝다.

장애우들도 편하게 이동하고 생활할 수 있는 나라가 살기 좋은 나라다. 우리는 누구나 보이지 않는 장애를 가지고 있고 입장은 언제든 바뀔 수 있다. 건강했던 사람이 병이나 사고로 장애를 가지게 되어 이전에 생각지 못했던 장애우의 고충을 깨닫게 되는 경우가 많다. 누구나 약자가 될 수 있다는 것을 안다면 불편하더라도 함께 가야하고 차별적인 시선으로 바라보지 말아야 한다.

우리는 현실뿐 아니라 책을 통해 사회에서 고통받는 사람들을 만난다. 사회적 책임을 지고 책을 쓰는 작가들, 자신이 겪은 고통과 아픔을 말하는 사람들의 말에 귀를 기울이다 보면 내가 지금껏 알고 있던 세상이 전부가 아니었음을 깨닫는다. 누군가를 이해하고 공감한다는 말을 쉽게 할 수 없다는 것을. 자극적인 뉴스를 보다 보면 점차 익숙해져 세상의 고통과 아픔에 무뎌질까 두렵다.

지속적인 독서로 관심사가 '나'에서 '타인'으로 확장된다. 사람을 만날 때 그 사람의 성취보다 어떤 인생관을 가졌는지가 궁금하다. 한 분야에서 성공한 사람을 만날 때도 현재보다는 힘들었던 때가 언제였는지를 물어본다. 그리고 어떻게 이겨냈는지 답을 들으면 그 사람이 성공할 수밖에 없는 이유를 알게 된다.

레슬리 제이미슨은 에세이 《공감 연습》을 통해 강렬한 메시지를 준다. 8년 동안 여러 지면에 발표했던 에세이를 묶은 책이다. 제이미슨은 소설가로서 한계를 느끼고 절망이라는 감정에서 탈출하기 위해 고백적인 에세이를 쓰기 시작했다. 의료 배우로 일하면서 다양한 정신적, 신체적 질병에 시달리는 환자를 연기했던 경험, 실제 자신이 경험했던 고통과 병에 관한 이야기를 담았다. 제이미슨은 다양한 신체적 외상과 고통을 겪으면서 자연스럽게 고통과 공감에 관심을 가졌다. 글에는 개인의 슬픔, 아웃사이더나 여성의 고통을 주로 다룬다. 그동안 수없이 무시되어왔던 이야기, 감추고 싶었던 아픔의 이야기를 솔직하게 풀어놓고 공감이 주는 의미에 대해 말한다.

 "공감은 그저 '정말 힘드시겠어요' 하는 말을 꼬박꼬박 해주는 것이 아니다. 그것은 고난을 빛 속으로 끌어와 눈에 보이게 만드는 방법을 알아내는 것이다. 공감은 그저 귀를 기울이는 것이 아니라, 귀 기울여 들어야 할 답을 하게끔 질문하는 것이다. 공감에는 상상력이 많이 필요하지만 그만큼 질문도 많이 필요하다. 공감하려면 당신이 아무것도 모른다는 것을 알아야 한다. 공감은 자기 시야 너머로 끝없이 뻗어간 맥락의 지평선을 인정한다는 뜻이다."

 그녀는 남들도 하는 일이라는 평범함이 아픔에 대한 예방접종이 되지는 않는다고 말한다. 고백적 에세이지만 많은 사람들의 공감을 얻었던 이유는 고백적 글쓰기가 자신의 개인적인 이야기에서 그치는 것이 아니라 독자들의 삶을 불러오는 역할을 했기 때문이다. 독자들로 하여금 숨기고 싶었던 상처를, 말하고 싶지 않았던 고통을 끄집어낼 수 있는 용기를 주었기 때문이다.

우리 사회에서 발생하는 수많은 갈등은 '공감 부족' 때문이다. 지금 세계적으로 화두가 되는 '성평등 문제'가 특히 그렇다. 남자 여자 중 누가 우월한가를 따지는 것이 아닌, 모두가 평등한 존재라는 것을 인정하는 문제다. 남자가 여자의 입장에 서서, 여자가 남자의 입장에 서서 불평등이 없어야 한다는 주장이다. 남녀갈등의 문제를 대화로 풀어서 해결하는 것에 지금의 사회는 실패한 듯 보인다.

나는 책을 통해 수많은 성폭력 피해자들의 이야기를 들었다. 책으로, 뉴스로 보는 것은 빙산의 일각에 불과하다. 지금 이 순간에도 수많은 피해자가 존재한다. 대한민국에서 태어나 평생을 살아간다고 했을 때, 성폭력의 위험에 한 번도 노출되지 않고 살아갈 수 있는 여자는 없다. 입을 다문 세대와 입을 여는 세대가 있을 뿐이다. 나는 지하철을 타고 이동할 때도 불쾌한 감정을 자주 느낀다. 대부분의 여성은 일상에서 수많은 장소에서 그런 두려움을 안고 살아간다. 가까운 사람에게조차 고백하지 못한다. 실제로 가까운 사람에게 성폭행을 당하는 사람도 많다. 뉴스에서 충격적인 사건을 매일 접해도 더는 충격적이지 않다. 만약 성폭력 피해자가 여자보다 남자가 훨씬 많았다면 세상은 이미 크게 달라졌을 것이다.

지금까지 이 사회는 성폭력 피해자, 사회 약자들에게 귀 기울이지 않았다. 공감까지는 바라지 않는다. 얼마나 많은 피해자들이 존재하는지 관심조차 없었다는 게 문제다. 간혹 감정적으로 치우치기라도 하면 그것을 약점 삼아 본질의 문제까지 덮어버리려고 한다. 청년들의 목소리가 커지는 이유다. 그래서 문제가 쌓이고 쌓여 폭발하는 것이다. 그들은 행동하는 세대다. 이해한다면서 행동하지 않고 변화하지 않기에 세대 간의 대화는 갈수록 어려워지고 공감은 이루어지지 않는다.

가해자의 수보다 피해자의 수가 훨씬 많은 범죄가 바로 성범죄다. 그래서 가해자로 살지 않았던 남자들은 공감하기 힘든 문제이기도 하다. 주변 사람들과 이야기를 나누다 보면 여자들보다 남자들이 성폭력의 심각성을 인지하지 못하는 경우가 많다. 살아오면서 직접 경험하거나 목격한 경우가 드물기 때문이다. 남녀의 성별을 떠나서 불의를 보고도 모른 척하는 것이 비겁한 삶이다. 인간의 존엄성을 지키기 위한 노력이라는 것을 인지한다면 남자 여자 편을 나누어 끝없이 서로를 비난하고 혐오하는 일은 없을 것이다.

나는 '공감'이라는 것을 너무 어렵게만 바라보지 않았으면 한다. 일상에서 작지만 실천할 수 있는 부분이 있다. 노약자들에게 자리를 양보하는 것, 전단을 받아주는 것, 장애우들을 무시하지 않는 것, 도움이 필요한 사람을 외면하지 않는 것 등 나와 다른 사람을 이해하기 위해 노력할 수 있는 부분이 있다. 누군가 고통을 호소했을 때, 들어만 주는 것도 큰 도움이 된다. 직접 경험하지 않고서 안다고 확신하지 않는 태도 또한 누군가를 이해하는 방법이 된다.

지금껏 내가 보고 겪었던 일만으로 세상의 아픔을 이해하기는 어렵다. 상처받지 않고 평탄한 삶을 살아가는 사람이라면 무엇으로 공감 능력을 키울 것인가. 자신의 모든 경험이 타인의 경험을 이해할 수 있게 해주지도 않는다. 경험도 배울 줄 아는 사람만 가르친다고 했다. 그러니 주위 사람들에게 관심을 가지면서 끊임없이 책을 읽고 생각하며 타인의 아픔을 이해하고 공감하기 위해 노력해야 한다.

몇 달이 지나서야 죽음이 알려진 독거노인에 대한 이야기를 들었다. 생활고에 시달리다 조용히 죽어간 많은 사람들의 이야기도 끊임없이 들린다. 죽는 순간까지 그리고 죽은 후에도 외로움을 느껴야 했던 그 심정이 어땠을지 감히 상상할 수 없다. 공감은 상대방의 양해를 구하고 타인의 고통으로 들어가는 일이다. 타인의 상처와 마주하는 순간, 내 상처를 치유하는 기적을 만나게 된다.

'공감'이라는 것을 너무 어렵게만 바라보지 않았으면 한다. 일상에서 작지만 실천할 수 있는 부분이 있다. 노약자들에게 자리를 양보하는 것, 전단을 받아주는 것, 장애인들을 무시하지 않는 것, 도움이 필요한 사람을 외면하지 않는 것 등 나와 다른 사람을 이해하기 위해 노력할 수 있는 부분이 있다.

많은 책을 읽어도 인생이 변화하지 않는다면 무슨 소용이 있을까

서점에 가면 '괜찮다'고 자신을 다독여주는 책들이 계속해서 나오고 있다. 책으로 위안을 얻고 난 다음은 뭘까. 괜찮으니 이대로 사는 삶일까. 작은 만족, 작은 성과를 이루어내기 위해 스스로 노력하는 삶이 아닐까? 고통을 아는 자만이 희망을 말할 수 있다고 하지 않던가.

'아빠들의 저녁 식사'라는 독서 동아리가 있다. 발달 장애 아이를 둔 아빠들의 독서 모임이다. 모임을 제안한 만화가 이정헌 씨는 출판문화산업진흥원의 예산 지원을 받아 책읽는 사회문화재단이 진행하는 독서 동아리 지원 사업 수혜자로 선정되었다. 아빠들이 함께 읽은 책은 《사양합니다, 동네 바보 형이라는 말》, 《실격당한 자들을 위한 변론》, 《당신은 장애를 아는가》, 《선량한 차별주의자들》 등의 장애와 차별을 주제로 한 책들이다.

그는 아이가 세 살 쯤 되었을 때 장애 사실을 알게 됐다. 숨기기보다 세상과 맞서는 삶을 선택했다. 이씨는 한 인터뷰에서 "장애에 관한 폭넓은 독서 토론이 아이를 어떻게 키워야 하는지, 사회가 어떻게 바뀌어야 하는지에 대한 생각을 가다듬는 데 도움이 된다."고 말했다. 현실을 부정하기보다 받아들이고 즐겁게 생활하면서 아이에게 도움이 되는 삶을 선택한 것이다.

주위를 둘러보면 장애를 가진 아이들이 꽤 있다. 부모의 생각에 따라 시설 수용을 원하는 경우도 있고 힘들지만 세상에 드러내 여느 아이들과 같은 환경에서 키우기 위해 노력하는 부모도 있다. 장애 아이를 가진 부모는 아이가 장애를 가졌다는 사실보다 사회와 사람들의 인식이 주는 상처가 훨씬 크다고들 한다.

아들이 어린이집을 졸업하던 날, 한 어머니가 강단에서 했던 말이 기억난다. 그녀의 아들은 장애를 가지고 있었다. 아이가 보통의 아이들과 함께 건강하고 즐겁게 어린이집을 다닐 수 있어서 행복하고 감사하다는 말을 했다. 그 어머니의 눈물을 잊지 않는다. 보통의 엄마들에게는 당연한 일이 다른 누군가에는 눈물겹게 감사한 일이라는 사실이 가슴 아팠다. 4년 동안의 어린이집 생활은 아들에게 편견 없는 사고를 가지게 해줬다. 장애를 가진 친구들을 여느 친구들과 똑같이 대하고 필요하면 도움을 주며 거리낌 없이 어울리며 사는 법을 배웠기 때문이다.

아이들은 모두가 순수하다. 어릴 때부터 장애 아이들에 대한 어른들의 편견이 주입되지 않는다면 어른이 되어서 인식을 바꾸기 위해 많은 노력을 기울이지 않아도 될 것이다. 장애인에 대한 사회적 편견을 줄이기 위한 책들이 장애를 한 번도 가져보지 않은 사람들에게 더 많이 가닿기를 바란다. 헤르만 헤세는 그의 저서《헤르만 헤세의 독서의 기술》에서 이런 말을 한다.

"책이란 무책임한 인간을 더 무책임하게 만들려고 있는 것이 아니며, 삶에 무능한 사람에게 대리만족으로서의 허위의 삶을 헐값에 제공해주기 위해 존재하는 것은 더더욱 아니다. 그와 정반대로 책은 오직 삶으로 이끌어주고 삶에 이바지하고 소용이 될 때만 가치가 있다."

그는 사람들이 책에 대해서만큼은 유독 뚜렷한 자기주장이 없이 수동적이고 어영부영한 태도를 보이고 있다고 지적한다. 단지 무료함을 해결하기 위해, 교양을 쌓기 위해 주의를 집중하지 못하는 독서는 자신에게 부당하다는 것이다. 시 한 편, 소설 한 편, 에세이 한 편을 읽더라도 온 정신을 쏟아 마음을 다해 읽어야만 내 삶으로 가져올 수 있다는 뜻일 게다.

내 주위만 봐도 남들에게 보이기 식으로 남독濫讀을 하는 사람도 꽤 있다. 책은 많이 읽지만 오히려 부정적인 사고를 키우는 사람도 있다. 자신의 불행을 모두 사회의 탓으로 돌리고 자신과 맞지 않는 사람을 비방하는 글을 SNS에 올리기도 한다. 누가 뭐라 하든 할 말은 하고 살겠다는 주장이지만 사람들에게 공감을 얻기 힘들다. 많은 책을 읽어도 인생이 변화하지 않는다면 무슨 소용이 있을까. 단 한 권의 책을 읽고서도 인생이 변화하는 사람도 있는데 말이다. 책 한 권을 가벼이 읽는 사람은 결과적으로 시간을 의미 없이 허비한 것과 같다.

'책 읽어주는 문화봉사단(책문봉)'에서 활동하는 60대 중반인 안지언 씨에 관한 이야기를 신문기사에서 읽었다. 이분은 동해시의 취약지역 중 하나인 구미동에 있는 해 오름 지역 아동센터에서 아이들에게 그림책을 읽어준다. 결혼 후 줄곧 주부로만 지내온 안 씨는 동해시 평생학습관에서 동화구연을 배운 게 계기가 되어 7년째 책 읽어주는 할머니로 활동하고 있다.

안 씨는 아이들도 아이들이지만 자신이 얻는 게 더 많다고 말한다. 집중력이 떨어지는 아이들의 시선을 잡기 위해 질문을 던지거나 흥미를 느낄 만한 그림을 펼쳐 보이는 등 나름의 노하우를 쌓았다. 안 씨는 "내게 남아 있는 시간 동안 나보다 나이가 많은 어르신들이나 자라나는 아이들에게 도움이 되는 일을 하고 싶다. 가기 전에 보람찬 일을 하고 싶은 거다."라는 말을 했다.

나이가 들어서도 풍요로운 삶은 책을 읽고 나누는 삶이다. 체력은 떨어지고 시간이 많아지는 시기에 책만큼 좋은 친구는 없다. 오랜 삶의 경험과 책이 어우러져 아이들에게, 젊은 세대들에게 지혜를 남겨줄 수 있다. 책과 친해지기 위해 노력한다면 행복한 노후를 맞이할 수 있을 것이다.

책은 살아가면서 할 수 있는 경험의 한계를 넘어서게 해준다. 경험

속에 수많은 편견이 존재하기 때문이다. 자신이 살아온 환경과 삶의 방식에 따라 똑같은 경험도 다르게 해석된다. 나에게 책 쓰기는 새로움에 대한 도전이다. 바쁜 하루에도 틈틈이 책을 쓰는 이유는 집중적인 몰입 독서를 할 수 있기 때문이다. 한 가지 주제에 대해 깊이 있는 공부와 사유를 할 수 있다. 한 권의 책을 쓰고 나면 내 안에 남아있던 또 다른 '편견이라는 바위'를 깨부수게 되고 한 단계 더 성장한 나를 만나게 된다. 인생은 배움을 통해 세상에 대한 이해를 넓혀나가는 과정이 아닐까.

그동안 썼던 책들 중 《여자의 인생을 바꾸는 자존감의 힘》이라는 에세이가 있다. 그때 나는 달리는 기차에서 무작정 뛰어내린 사람이었다. 열심히 앞만 보고 달렸는데 어느 순간 방향이 잘못되었다는 것을 깨달았다. 그리고 용기를 냈다. "용기는 압박을 받을 때 비로소 그 진가를 드러낸다."라고 했던 헤밍웨이의 말처럼. 나에게 멀어진 내 삶을 다시 내 것으로 가져오기 위해 몇 달 동안 '자존감'에 관한 책들만 읽었다.

나는 늘 자존감이 높다고 자부하며 살았지만 자존감이라는 것은 늘 같은 자리에서 나를 지켜주는 것은 아니었다. 스스로 멈추고 나를 돌아보는 시간을 반드시 가져야 한다. 그렇게 나는 책을 읽으며 낮아진 자존감을 다시 끌어올렸다. 내가 원하는 인생과 지키고 싶은 것에 대해 깊이 있는 고민을 할 수 있었다. 방향을 잡고 다시 나아갈 힘을 얻었다.

그렉 맥커운은 그의 저서 《에센셜리즘Essentialism:본질에 집중하는 힘》에서 다른 사람들이 우리에게 기대하는 삶이 아닌, 우리 자신에게 진실한 삶을 살아가기 위해 에센셜리스트가 되어야 한다고 말한다.

에센셜리스트가 된다는 것은 "지금 나는 제대로 된 중요한 일에 나의 시간과 자원을 투자하고 있는가?"라고 자신에게 계속 질문하는 것이다. 모든 것을 다 하려는 것, 모든 사람의 요청을 수용하는 것, 이것을 중단해야 정말로 중요한 일들을 할 수 있다. 스스로 삶의 우선순위를 정해놓지 않으면 다른 사람이 자기 삶의 순위를 정할 것이라고 조언한다.

내가 열정을 가지고 시작했던 일을 허무하게 놓았던 이유는 여기서 말하는 에센셜리스트가 되는 것에 반하는 일이었기 때문이다. 시키는 모든 것을 다하려고 했고 모든 사람의 요청을 수용하는 것을 중단하지 못해 정신적으로 지쳐갔다. 내가 원하는 삶의 모습에서 스스로 멀어지고 있다는 것을 깨달았기 때문이다. "선택과 포기의 현실을 피하려고 시도할 수는 있어도 그로부터 도망칠 수는 없다."는 그의 말이 옳았다.

지금은 새로운 선택지가 많아 스스로 자신의 삶을 관리하는 일이 어려워졌다. 무엇이 중요한지, 어떤 것을 선택하고 버려야 하는지 어려움을 겪는다. 그래서 잊지 말아야 할 것들을 종종 잊으며 소중한 것들을 잃어간다. 선택하는 것도 버리는 것도 힘든 현실이지만 그 권리와 힘을 타인에게 떠넘겨서는 안 된다. 두려워도 용기를 내어 내 삶에서 불필요한 것들을 버리고 비워야만 진짜 내 삶을 살아갈 수 있다.

저자의 경험 속에서 내 삶을 들여다볼 수 있는가

좋은 시를 읽으면 시인이 되고 싶고 감동적인 소설을 읽으면 소설가가 되고 싶다. 책 한 권에 푹 빠져서 읽다 보면 독자의 수준을 넘어서고 싶다는 욕심이 생긴다. 글을 쓰고 싶다고 생각하는 사람 중 책 읽기를 즐겨하지 않는 이는 없다. 책을 통해 작가의 내면과 만나는 경험이 글을 쓰게 만드는 동력이 된다.

나는 누군가를 만나면 어떤 책을 좋아하는지, 지금 읽고 있는 책은 어떤 것인지 알고 싶다. 만약 책을 좋아하지 않는다면 책이 아닌 어떤 것에서 배움을 얻는지도 궁금하다. 지하철에서 누군가 책을 읽고 있으면 유심히 보게 되고 서점에 가면 어떤 코너에 사람들이 많은지 살펴본다. 내가 좋아하는 책을 얼마나 많은 사람이 좋아하는지, 절판되었지만 내게 도움이 되는 책은 어떤 것인지 늘 궁금하다. 특히 작가들을 만날 때는 그들이 책에 대해 가지고 있는 관점, 즐겨 읽는 책은 어떤 것인지 관심이 간다.

패멀라 폴은 〈뉴욕 타임스 북 리뷰〉에 실렸던 인터뷰 중, 작가 55인의 인터뷰를 추려서 묶어 《작가의 책》으로 출간했다. 수준 높은 독자, 작가들이 여가 시간에 읽는 책, 책을 대하는 개인적인 취향, 누군가에게 추천해주고 싶은 책 등 책을 사랑하는 사람들의 이야기를 담았다.

인터뷰이 중 한 명인 존 어빙은 찰스 디킨스의 《위대한 유산》이 자신의 삶을 바꿨다고 말한다. 이 책으로 인해 자신도 그런 책을 쓰고 싶다는 욕망을 가지게 되었기 때문이다. 만나고 싶은 작가가 있냐는 질문에 이런 대답을 했다.

"제가 감탄하는 작가들이라면, 그들이 쓴 책에 없는 것에 대해서는 알고 싶지도, 알아야 할 필요도 느끼지 않는다. 좋은 작가는 직접 만나는 것보다는 그의 책을 읽는 게 더 낫다."

작가라면, 자신의 글에 자신의 모든 것을 쏟아낼 것이다. 어쩌면 가까운 사람보다 책을 자주 접하는 독자가 자신에 대해 더 많은 것을 알고 있을지도 모른다. 나 역시 누군가를 만나서 나누는 이야기는 책에 담는 내 모습의 일부분이다. 누구나 혼자 있는 시간에 진짜 자신의 생각이 무엇인지 알아차릴 수 있다.

이 책의 또 다른 인터뷰이인 스콧 터로는 "작가들은 평생에 걸쳐 게걸스레 먹어치웠던 한 권 한 권의 책들 덕분에 지금의 그들이 있다."고 말한다. 그에게 최고의 스승은 다음과 같은 이유로 소설이라고 했다.

"다른 소설 작품들로부터 나는 내 취향을 발견했고, 어떤 창작 전략이 성공하거나 실패하는지 간파하는 법을 배웠으며, 좋은 문장과 문단, 이야기는 어떻게 구성되어야 하는지를 배웠다. 그 후로 몇 년간, 나는 그저 한 번 읽고 마는 데 그치지 않고 나를 경이로 가득 채웠던 작가와 문장들을 읽고 또 읽었다."

열 살 때 읽은 《몬테크리스토 백작》은 자신에게 가장 큰 영향을 미친 책이라고 한다. 그는 자주 읽었던 소설과 자신의 작품을 비교하며 자신이 다다르지 못한 부분이 무엇인지 깨달았다. 대부분의 독자에게, 책에 대한 열정은 하나의 수수께끼이자 독특한 욕망의 범주에 속한다고 말한다. 처음으로 온전히 소설에 사로잡혔던 바로 그 순간에 소설가가 돼야겠다는 의지가 싹텄다고 고백했다. 책을 쓰는 것은 책을 읽는 즐거움보다 훨씬 짜릿한 일이라고 확신했기 때문이다. 그는 종이책이 사라지는 현실의 가장 슬픈 점 중 하나는 책장에 진열해놓은 책을 통해 자신을 드러내는 일이 점점 어려워진다는 사실이라고 말한다.

지금 내 손에 있는 책의 가치는 지금까지의 독서의 경험에 비례한다. 오랜 독서를 통해 내 안에 있던 편견들을 조금씩 버리며 이전에는 결코 이해할 수 없었던 인생도 이해할 수 있게 되었다.

평소에 책을 읽지 않은 사람이 어느 날 한 권의 책으로 인생을 바꾸기는 쉽지 않다. 수많은 책을 읽어내면서 사고의 폭을 넓혀 어느 순간 삶을 송두리째 변화시키는 책도 만날 수 있다. "나는 걸 배우고 싶은 사람은 먼저 서고, 걷고, 뛰고, 기어오르고, 춤추는 것부터 배우지 않으면 안 된다."라고 말했던 니체의 말처럼. 좋은 책들은 늘 충격을 주고 자신의 어리석음을 깨닫게 해준다. 배우고 또 배우고 깨닫고 또 깨달아도 끝이 없음을 말해준다. 자만하지 말라고 멈추지 말라고 내게 말을 건다.

책의 가치는 읽는 사람에 따라 달라질 수밖에 없으니 한 권을 읽어도 제대로 읽어 가치 있는 독서로 만들어야 한다.《책에 대해 던지는 7가지 질문》에서 작가 정수복은 반복해서 읽기의 중요성에 대해 말한다.

"한 권의 똑같은 책을 일정한 간격을 두고 다시 꺼내 읽는 '반복 독서'는 자신에게 소중한 가치와 원칙, 정서와 미적 쾌감을 확인하게 한다. 그래서 프랑스의 소설가 프랑수와 모리아크는 '네가 읽는 책이 무엇인지 말해주면 네가 누구인지를 말해주겠다. 그러나 네가 다시 읽고 있는 책이 무엇인지를 말해주면 나는 너를 더 잘 알게 될 것이다.'라고 이미 말하지 않았던가. 사실 어떤 책을 읽고 난 뒤 1년만 지나도 그 책에 대해 기억나는 것이 거의 없지만 그것을 다시 꺼내 보면 '아! 그랬었지'하며 지난날의 독서가 생각난다. 같은 책을 여러 번 읽다 보면 지난번 독서에서는 느끼지 못했거나 생각하지 못한 점을 발견하면서 자신의 관심과 관점이 변화하고 있음을 깨닫게 되기도 한다."

첫 번째, 전체적인 이해를 위해 가볍게 읽고 두 번째, 분석을 위해 꼼꼼히 읽으며 세 번째, 자기 생각을 만들어내기 위해 읽어야 한다고 조언한다.

얼마 전, 배우 한 명이 SNS에 올렸던 글이 기억에 남는다. 책을 구입하고 세 장 읽었으면 값어치 한다는 말이었다. 그녀의 유머러스한 표현에 많은 사람들이 공감했다. 물론 세 장 읽고 말 책은 의미가 없을지도 모른다. 하지만 책을 대할 때 비평가가 아닌 이상 조금은 너그러운 마음으로 그리고 열린 마음으로 읽으면 어떨까. 한 줄의 글에서도 많은 영감을 얻을 수 있을 테니 말이다. 배움에 대해 열린 사고를 하는 사람은 그렇지 않은 사람에 비해 많은 기회를 얻는다. 저자의 경험 속에서 내 삶을 들여다볼 수 있는 경험이 바로 책 읽기다. 책과 교감한 마음은 기존의 자신의 인생관을 언제라도 재구성할 수 있어야 한다.

우리가 보는 모든 것들은 결국은 즐거움을 얻기 위해서다. 책뿐만 아니라 영화나 드라마를 보는 것도 마찬가지다. 무엇을 보는가보다 중요한 것을 그것을 보는 사람이 어떤 삶의 태도를 보였느냐 하는 것이다. 막장 드라마를 보면서도 인생의 큰 깨달음을 얻는 사람이 있는가 하면, 오래도록 사랑받은 작품을 보더라도 아무런 즐거움도 배움도 얻지 못하는 사람이 있다. 살아오면서 나쁜 책도 나쁜 드라마도 나쁜 영화도 없었다. 어떤 것이라도 내게 단 하나의 메시지는 주었다. 하지만 보고 나서 읽고 나서 갈증을 주는 것보다 갈증을 해소해주는 것이 더 큰 즐거움을 준다.

책은 끝없이 쏟아져 나오고 시간은 한정되어 있으므로 선택이라는 것이 필요한 데 중요한 건 선택을 잘하기 위해서라도 우리는 독서하는 습관을 기르고 스스로 좋은 책을 찾으려는 노력을 계속해야만 한다는 사실이다.

내가 만약 독서에 대한 열정을 이어오지 못했다면 계속 책을 쓰지 못했을 것이다. 다양한 주제의 책을 읽을수록 다양한 소재를 떠올리게 된다. 나와 다른 관점을 가진 책을 읽었을 때 그 주제에 대한 관점의 다양성에 기여하고 싶다는 마음이 들기도 한다. 독서는 또 다른 독서를 낳고 계속 쓰고 싶다는 욕구를 멈추지 않도록 해준다.

수전 손택은 "대개는 책을 읽다가 글을 쓰기 시작한다. 글을 쓰겠다는 충동을 자극하는 것은 대개 독서이다. 독서, 독서에 대한 사랑이 바로 작가의 꿈을 키워주는 것이다."라며 책을 사랑하는 않는 작가는 없다고 말한다.

배우면 배울수록 더 많이 배우고 싶듯이 독서도 마찬가지다. 읽으면 읽을수록 나는 아무것도 몰랐다는 것을 깨닫는다. 책의 세계는 영원히 마르지 않는 샘물과 같다. 죽는 순간까지 우리에게 위안을 주고 창조의 욕구를 불러일으키며 살아있다는 것을 증명해줄 유일한 탈출구다.

책은 도움을 줄 뿐 현실의 문제를 해결해주지 않는다

요즘은 어느 때보다 연애와 관련된 방송 프로그램이 많은 것 같다. 연애하는데 필요한 시간과 돈이 아깝고 감정소모를 하고 싶지 않다는 청춘들이 늘어만 가는데 왜 연애 프로그램은 자꾸 생겨나고 인기가 있을까? 연애 고민 상담소는 문의 글로 가득 차 있고 연애 관련 책들은 계속해서 쏟아지며 로맨스 웹툰소설, 로맨스드라마는 인기가 식을 줄 모른다. 누구나 사랑하고 싶고 사랑받고 싶은 욕구는 같다. 아무리 현실이 각박하고 힘들어도 그 마음은 변하지 않기에 계속해서 원하고 원하는 것이 아닐까.

사람을 알기 위해서는 사람을 만나는 것이 먼저다. 연애에 실패하지 않기 위해 연애 관련 책들을 닥치는 대로 읽는 것이 과연 얼마나 도움이 될까. 감정소모를 피하기 위해, 시행착오를 겪지 않기 위해 책으로 지식을 섭렵하면 원하는 연애를 쉽게 얻을 수 있을까? 노력 없이 얻을 수 없는 것이 연애 또한 예외가 아닌데 말이다. 책은 도움을 줄 뿐 현실의 문제를 모두 해결해주지 않는다. 책을 덮고 끝이 아니라 그때부터 시작인 것이다.

지난겨울, 국민대학교 대학원에서 플라톤의 《향연》으로 6주 동안 진행되는 겨울 강독회에 참여했다. 혼자서 읽을 때는 어려웠던 내용들이 이해가 됐다. 수업을 듣고 나면 생각이 많아졌다. 당연하다고 생각했던 일상의 모든 순간들이 결코 당연하지 않다는 깨달음, 사랑이 주는 의미에 대해 고민하는 시간을 가졌다. 수업이 끝나고 집으로 가는 길에 다투었던 친구에게 문자를 보냈다. 누군가를 위한다는 명목으로 뱉은 말과 행동은 결국 나 자신의 욕심을 채우려는 목적이었음을 스스로 인정했기 때문이다. 수업을 듣는 내내 나는 내 삶을 들여다보고 있었다.

고전을 읽고 이해하기가 쉽지 않다. 책을 쓰기 위해, 실용적인 관점에서 필요한 책들을 꾸준히 읽으면서 그래도 틈틈이 고전을 찾아서 읽는 이유는 글을 쓴 작가가 살아온 시대를 넘어선 삶의 가치를 얻을 수 있기 때문이다. 시대가 바뀌어도 변하지 않는 물음과 답을 찾아가는 여정을 경험할 수 있다. 저자가 말하려는 것 이상의 상상력을 발휘해볼 수 있고 앞으로 내 삶의 그림도 그려볼 수 있는 책이 바로 고전이다. 오래도록 많은 사람들에게 읽혀진 보물과도 같은 책들이다.

고전은 내가 살아오면서 얼마만큼 내면을 채워왔는지 스스로 검증

해볼 기회를 준다. 지금의 시대에서 멀리 떨어졌다가 다시 현재로 돌아왔을 때 현실의 모습이 이전보다 더욱 선명하게 보인다. 살아가는 방식이 변하지 않는다면 생각하는 방식은 변해야 한다. 고전은 막다른 길에 서 있을 때 방향을 잡도록 도와준다. 지금 내게 아무것도 하지 않고 책만 읽을 수 있는 자유가 주어진다면 읽지 못한 고전을 찾아서 모두 내 것으로 만들고 싶다.

니체는 《차라투스트라는 이렇게 말했다》에서 "더러워지지 않으면서 더러운 강물을 받아들이려면 먼저 바다가 되어야 한다."고 말한다. 인간은 정신이라는 좁은 섬에 안주하지 않고 계속해서 극복되어야 할 존재이며, 스스로 올바른 길을 찾아갈 수 있는 존재라는 것을 말해준다. 책을 읽는 즐거움에서 끝나지 말고 책 밖의 세상으로 나가 지혜를 찾기를 바랐다.

죽음의 문턱에서 한 권의 책으로 새로운 인생을 살게 된 사람이 있다. 그는 한 권의 책을 만나기 위해 몇 년을 도서관에서 살다시피 했다. 몸도 마음도 지쳐서 살아야 할 이유가 없다고 느낄 때, 책을 통해 다시 살아야 할 이유를 찾았다. 그 책은 베어드T.스폴딩의 《초인들의 삶과 가르침을 찾아서》이다.

이 책은 3년 반에 걸쳐 인도, 티베트, 히말라야 고원, 중국 일대에서 탐사활동을 한 저자의 체험기 형식으로 되어 있다. 탐사활동 중 만난 초월적 능력을 행하는 초인들의 삶과 가르침을 기록한 책이다. 사실 여부에 대한 격렬한 논쟁 속에서 그는 "실제가 허구보다 훨씬 더 놀랍다."

는 말을 했다. 책을 읽다 보면 믿기 힘든 이야기가 많았지만 사실 여부는 중요하게 느껴지지 않는다. 저자는 탐사의 길에서 얻은 가르침을 전해준다.

"완전한 모습을 추구하는 내적인 힘이 없이 피어난 꽃은 없다. 완전을 추구하는 내적인 힘이 작용하면 조금 전까지만 해도 꽃받침 속에 숨겨져 있던 봉오리가 아름다운 꽃으로 활짝 피어나는 것이다. 땅에 떨어진 씨가 자라나 번성하려면 먼저 자신의 껍질을 벗기고 밖으로 나오지 않으면 안 된다. 그와 마찬가지로 우리도 우리의 실상을 깨닫고 그것을 실현하기 위해서는 먼저 자아라고 하는 껍질을 벗어야만 한다. 씨가 자라기 위해서는 먼저 껍질을 벗어야만 하는 것처럼, 우리도 성숙하기 위해서는 스스로 유한한 존재라고 생각하는 자아의 껍질을 벗지 않으면 안 된다. 그러면 자아의 껍질을 벗은 후, 완전을 추구하는 내적인 힘이 계속 작용하여 꽃처럼 아름답게 활짝 피어날 것이다. 국가도 개인도 마찬가지다."

물질주의에 빠져 좁아진 정신으로는 아무것도 바꿀 수 없음을 지금의 사회를 향해 말하는 것 같다. 행위자의 의식이 모든 행위의 중심이자 뿌리라는 것을 말한다. 위대한 사람은 자신에게 필요한 것을 밖에서 구하거나 남에게서 빼앗지 않고 필요한 모든 것은 내부로부터 찾을 수 있다는 깨달음을 준다. 신비한 영적 탐사활동의 기록은 1894년 말부터 1897년 초까지의 것이다. 그가 말하려는 진리는 결코 지금의 삶에서 멀게 느껴지지 않는다.

책을 읽는 사람은 저자의 삶에서 나와의 연결고리를 찾는다. 그도 나와 다르지 않다는 것을 깨닫는 순간, 마음이 연결된다. 그리고 마음의 벽을 허물고 책에 빠져든다. 나와 다르지 않는 한 사람의 삶을 통해 지혜를 얻으며 책을 덮었을 때는 자신의 삶을 고민해볼 수 있어야 좋은 책이다. 그저 책을 읽는 동안에 즐거움을 준 것이 전부라면 얼마나 허무한가.

책을 읽다 보면 지금까지의 내 삶을 사정없이 뒤흔들어놓는 책을 발견하게 된다. 나의 무지함과 어리석음을 가차 없이 비판하는 고통스러운 책을 만날 때가 있다. 책을 통해 작가의 지혜를 얻고 나면 생각과 행동이 변한다. 이전과는 다른 사람이 되는 것이다. 결코 이전의 삶으로 돌아갈 수 없게 된다.

내가 쓴 책들을 읽고 편지를 보내준 독자들은 다시 책을 쓸 수 있는 용기를 줬다. "지금껏 얼마나 낮은 자존감으로 살았는지 깨달았다.", "잊었던 꿈을 떠올렸다.", "용기가 없어서 쉬운 선택을 했지만 다시 용기를 내보려한다."등의 메시지는 책을 읽은 후 자신에게 하는 다짐이다. 책을 쓰면서 끊임없이 내 삶을 들여다보고 독자를 향해 했던 수많은 말들이 결국 나 자신에게 하는 말이었듯이. 책으로 연결된 사람들은 내게 책 이상의 배움을 준다.

책을 한 권도 읽지 않은 사람보다 위험한 사람은 단 한 권의 책만 읽은 사람이다. 책에서 말하는 저자의 생각을 모두 따라갈 필요는 없다. 독서법에 대해 말하는 수많은 책들이 존재하지만 무조건 시키는 대로 하는 것이 답은 아니다. 옷을 잘 입기 위해서 다양한 옷들을 코디하다보면 잘 어울리는 옷을 찾게 되듯이 독서법도 마찬가지다. 다른 배움 또한 다르지 않다고 생각한다. 자신에게 맞는 삶이 다르다는 것을 독서를 통해 깨닫게 된다.

　사람마다 속도가 다르듯이 천천히 읽어야 하는 책, 대충 훑어도 되는 책 등 책마다 읽어야 하는 속도를 달리해야 한다. 책을 대하는 태도를 통해 사람을 대하는 태도를 배울 수 있다. 생각의 속도가 느린 사람, 빠른 사람, 성격이 급한 사람, 행동이 느린 사람 등 서로 속도를 맞추지 못해 관계가 어긋난다. 세상은 넓고 그만큼 다양한 사람이 존재하듯 다양한 저자의 생각이 존재하는 것뿐이다.

　치우치지 않는 사고를 위해 꼬리에 꼬리를 무는 멈추지 않는 독서가 필요하다. 책에서 말하는 것을 머릿속에 그대로 주입하기보다 "왜?"라는 질문을 하며 읽는다면 수많은 지식 속에서도 자신의 인생을 변화시킬 수 있는 지혜를 만나게 될 것이다.

삶이 고달프다면, 어찌할 수 없는 한계라면 책을 집어 들어야 할 때

요즘은 나이를 먹어도 부모의 경제력에 기대어 독립하지 못하는 사람들이 많다. 반면에 자신의 삶을 책임지고 묵묵히 견뎌내는 청년들도 있다. 이전 세대보다 많은 것을 가지고 태어났지만 불안전한 삶 속에서 인생의 기회비용을 최소화하기 위해 공무원 시험을 선택한다. 기성 세대가 당연하다고 생각했던 것들을 당연하게 받아들이지 않고 남들에게 보이기 위해 시간과 에너지를 소비하지 않는다. 남들의 눈치를 보지 않고 자신이 생각하는 기준에 맞춰 인생을 결정한다. 자신의 노력으로 능력을 인정받고 싶다는 욕구는 어느 때보다 강해 보인다.

돈은 거침없이 이동한다. 하지만 책으로 만들어낸 지식의 창고는 오롯이 내 자산이 된다. 누군가에게 기대지 않고 스스로 독립할 수 있는 힘을 길러주는 것이 책이다. 오늘 일해서 오늘 받는 일당처럼 당장 살림에 도움이 되는 결과물을 주지 않지만 배움의 끈을 이어주고 나를 높여주는 역할을 충실히 해낸다. 가난한 사람에게 환경을 뛰어넘을 수 있는 희망을 준다. 진정한 가난은 돈이 없음이 아니라 배우지 않는 마음의 가난이라는 것을 깨닫게 해준다. 나는 독서를 통해 불평등을 극복할 수 있다고 믿는다.

내가 아는 드라마 작가는 현재 꽤 돈을 많이 번다. 나는 그를 만나 비결을 물었다. 그는 어릴 적 장르에 상관없이 책을 많이 읽었다. 집은 가난했지만 책을 읽고 있으면 그렇게 행복할 수가 없었다고 한다. 좋아하는 책은 수십 번씩 읽기도 하고 같은 영화를 보고 또 봤다고 했다. 커서도 아주 오랫동안 힘든 시기를 보냈지만 책을 읽었던 힘으로 자연스럽게 글을 쓰게 되었다. 어릴 때부터 읽었던 책들이 쓰지 않고서는 견딜 수 없게 만들었다. 자신에게서 멈추지 않고 나오는 샘물을 발견한 것이다. 이처럼 태어나자마자 주어지는 환경이 모든 것을 결정하지 않는다. 부모의 가난으로 어렵게 살았지만 독서만큼은 열심히 했던 사람들이 훗날 독서의 힘으로 글을 써서 성공하는 경우가 많다.

나는 광고나 홍보가 잘 되어 대부분의 사람들이 이미 알고 있는 책과 영화는 잘 보지 않는 편이다. 물론 호기심이 생기고 관심 있는 분야는 예외지만 말이다. 나만의 취향을 만들어가고 싶은 작은 즐거움이라고 해두겠다. 문화를 선택하는 것에서부터 정신적 독립을 이루고 싶은 욕심일 수도 있다.

버지니아 울프는《자기만의 방》에서 여성이 자신의 글을 쓰기 위해서는 돈과 자기만의 방이 필요하다고 역설한다. 여성이 자기만의 방을 갖는 것은 부모가 대단한 부자이거나 귀족이 아니라면 19세기 초까지 불가능한 일이었다. 여자들의 고통을 덜어줄 공간은 없었다. 여자에게 비물질적인 시련은 더욱 강했다. 놀란 만한 재능이 있다 해도 그것을 발휘할 기회는 없었다는 것을 말해준다.

"서가를 바라보면서 생각하건대 내가 유감스러워하는 것은 18세기 이전의 여성들에 대해서 알려진 바가 전혀 없다는 사실입니다. 내 마음 속에서 이리저리 굴려볼 만한 모델이 없는 것이지요. 여기서 나는 엘리자베스 시대에 여성들이 왜 시를 쓰지 않았는지를 묻고 싶습니다만 그들이 어떤 교육을 받았는지, 글 쓰는 법을 배웠는지, 자기만의 방이 있었는지, 스물한 살이 되기 전에 아이를 낳은 여자는 얼마나 되었는지, 간단히 말해 그들이 아침 8시부터 밤 8시까지 무엇을 했는지 모르고 있습니다. 그들에겐 분명히 돈이 없었지요. 트리벨리언 교수에 의하면 그들은 원하건 원하지 않건 간에 아이 방에서 나오기도 전인 대략 열다섯 살이나 열여섯 살쯤 결혼했습니다."

타니아 슐리의 《글쓰는 여자의 공간》에는 버지니아 울프의 삶에 대한 이야기가 나온다. 울프가 열세 살 때 어머니는 사망했고 9년 동안 아버지를 뒤치다꺼리했다. 의붓오빠는 그녀를 성폭행했다. 그 영향으로 울프는 사회주의자이자 여성 인권 운동가가 되었다. 1912년, 작가이자 출판인이었던 남자와 결혼했다. 결혼 후 정원에 목재로 된 오두막 집필실을 지어 자기만의 방을 가질 수 있었다. 글을 써서 인세를 받아 집을 고치고 또 고쳤다. 하지만 독일군의 공습과 유대인 남편에 대한 걱정은 울프를 자살로 몰았다.

1941년 3월 28일, 코트 주머니에 큼직한 돌을 가득 넣고 집 앞에 있는 강에 뛰어들어 목숨을 끊었다. 울프는 말했다 "나는 가끔 생각한다. 마음 놓고 책을 읽을 수 있는 장소가 천국이라고." 그녀의 고된 삶을 지탱해준 것은 책과 글쓰기였음을 알 수 있다.

자신의 진짜 모습은 시련을 만났을 때 명확하게 알 수 있다. 그런 의미에서 시련은 축복이다. 나는 어릴 때부터 고된 시집살이를 하며 살아온 어머니를 보면서 '여자의 인생'에 대해 많이 고민했다. 불만을 표출하지 않는 어머니가 늘 답답했다. 어머니는 얼마 전 내게 이런 말을 하셨다.

"내가 지금껏 얼마나 자존감 낮은 삶을 살았는지 알겠다. 남은 인생은 그렇게 살지 않겠어."

어머니가 살았던 좁은 세상은 능력이 있어도 여자라서 대학을 보내지 않았고, 재능이 있어도 그 재능을 꽃피우게 허락하지 않았다. 지금이라면 한창 공부할 나이에 결혼해 아이를 키우게 하였다. 내가 인생에 대해 아무것도 몰랐던 나이에, 어머니는 이미 엄마가 되었던 것이다. 엄마처럼 살지 않겠다고 다짐하고 또 다짐하며 살았지만 나 역시 여자라서 감내해야 할 일들이 많았다. 시대가 달라졌지만 여전히 여자에겐 어려운 세상이다. 여자일수록 독서를 통해 더욱 깨어있어야 한다.

김진애는 그의 저서 《여자의 독서》에서 말한다.

"여자에게 책이 각별할 수 있는 것은 그나마 '믿을 수 있기' 때문이다. 좋은 책은 차별하지 않으며 윽박지르지 않는다. 좋은 책은 듣고 싶은 이야기를 들려주고 묻고 싶던 의문들을 묻게 해준다. 좋은 책은 세상의 비밀을 아무 조건 없이 알려주고 삶의 기쁨을 조건 없이 나눠준다. 기 댈 수 있고 믿을 수 있는 친구가 되어 주는 것이다."

책은 몰랐던 진실을 알게 해주고 진실을 판단할 수 있 는 눈을 키워준다. 우리가 살지 못했던 세상을 살게 해주 고 현실의 한계에 갇히지 않도록 해준다. 지금의 삶이 고 달프다면, 어찌할 수 없는 한계에 갇혀있다면 책을 집어 들어야 한다. 나이를 먹어도 나는 아직 정신적으로 많이 부족한 한 인간임을 인정하지 않을 수 없다. 화가 나면 그 마음에 자제력을 가지 기 힘들고 노력해서 뜻대로 결과가 나오지 않으면 여전히 실망스럽다. 내 마음을 몰라주는 사람이 야속하고 아픈 마음을 드러내 타인에게 상 처를 주지 않으려 애써도 결국 힘든 마음을 쪼개어 누군가를 힘들게 만 든다. 그래서 계속해서 책을 읽어야 하는지도 모르겠다. 늘 부족하다는 마음이 성장을 이끌어준다고 믿는다.

아이들은 공부보다 책을 더 많이 읽었으면 한다. 학창시절 읽었던 책 들은 지금도 가슴속에 남아 내 삶의 방향을 정하는 데 도움을 주었다.

그때 읽은 책과 지금 읽는 책의 의미는 다르다. 무엇이든 될 수 있고 어떤 것을 경험해도 자기 생각 속에 갇힐 우려가 없는 시기에 폭 넓은 독서를 한다면 살아가면서 하게 될 후회를 어느 정도는 줄일 수 있을 거라 믿는다. 태어난 환경보다 스펙보다 더 큰 힘을 줄 수 있다. 정신적으로 독립이 된다면 그것을 시작으로 다른 면에서의 독립도 조금씩 이루어낼 수 있을 것이다. 정신이 나약한 채로 우리는 홀로설 수 없을 테니까.

우리는 누군가를 사랑할 때, 모든 것이 마음이 들지 않아도 단 한 가지 이유로도 깊이 사랑할 수 있다. 하지만 헤어질 때는 단 하나의 이유로 놓아버린다. 그것을 깨달을 수 있다면 다음번에는 더 잘할 수 있을까. "어른이 된다는 건 상처 받았다는 입장에서 상처 주었다는 입장으로 가는 것. 상처 준 걸 알아챌 때 우리는 비로소 어른이 된다."라고 한 노희경 작가의 말처럼 자신이 아파야 남의 아픔을 알 수 있다.

사람을 대하는 마음에는 부족함이 있더라도 책에 대해서만큼은 관대함을 가지기를 바란다. 책을 대하는 마음으로 사람을 대하기 위해, 그 간극을 줄이기 위해 쉼 없이 책을 읽지만 늘 부족하다 느낀다. 스스로가 부족한 사람임을 인지한다면 책을 통해 죽는 순간까지 정신적 독립을 이룰 수 있지 않을까.

책은 배우려고 준비된 사람에게만
가르침을 준다

어느 날인가 아들의 담임 선생님과 전화 상담을 했다. 친구들과 문제가 생기면 선생님이 불러서 상담하고 학부모에게도 알려준다. 별일 아니어도 아이들의 감정을 존중하고 상담을 통해 생각이 다른 친구들을 이해하며 상대방의 입장에서 생각할 기회를 준다. 통화를 하면서 선생님의 고충을 알 수 있었다. 학부모들과 전화 상담을 하다 보면 모두가 자기 아이의 입장에서만 생각한다는 것이다. 아이의 이야기만 듣고 섣부른 판단을 하고 상대 아이를 이해하지 못해 속상함만을 호소하는 엄마들이 많다고 한다.

학부모 참여수업을 한 번씩 가면 아이들이 생각보다 어른스럽고 말하지 못하는 고통이 많다는 것을 알게 된다. 벌써부터 원하는 대학에 못 가게 되면 어쩌나 하는 고민, 늦게까지 다니는 학원 숙제를 끝내지 못하고 자면 어쩌나 하는 고민을 한다. 학교와 학원에서 보내는 시간이 대부분인 아이들은 자신의 마음을 털어놓을 사람이 없고 그런 스트레스로 친구들과 사소한 다툼이 생기면 자신과 맞지 않는 친구를 쉽게 끊어내고 편 가르기를 한다.

너무 공부만을 강조하지 말고 부모가 함께 책을 읽고 이야기를 나누며 생각의 폭을 넓히는 시간을 가졌으면 한다. 아들의 말을 들어보면 친구들 부모님들은 공부하라는 말을 많이 하지 책을 읽으라는 말은 잘 하지 않는다고 한다. 친구들 엄마는 책 읽으라는 말을 하지 않는데 엄마는 왜 책 읽으라는 말만 하냐고 투정부린다. 하지만 책을 읽으면서 어느새 그 즐거움에 빠지고 노트에 느낌을 적어보며 스스로 뿌듯해하기도 한다. 시작이 어떻든 결국 즐거움을 얻을 수 있다면 성공이다.

"엄마는 가장 후회가 되는 것이 공부를 더 열심히 하지 못한 것이 아니라 더 많은 책을 읽지 못했던 거야."라는 말로 공감을 얻어 보려 애쓴다. 왜 책을 읽어야 하는지를 끊임없이 이야기해준다. 어릴 때 그 누구에게도 듣지 못했던 말들을. 아이들에게 가장 큰 선물은 '어릴 때부터 세상을 보는 눈을 키워주는 것이 아닐까'한다. 그리고 앞으로 선택할 수 있는 삶은 상상 이상으로 다양하다는 것을 알게 해주는 것이다.

살아가면서 가장 중요한 것들 중 하나는 '공감 능력'이라고 생각한다. 자신과 다른 타인을 배척하지 않고 살아갈 수 있는 힘을 주기 때문이다. 공감 능력은 남자보다 여자가 더 많다고 하지만 꼭 그렇지만은 않은 것 같다. 어쩌면 남녀의 특성을 가르는 통계들이 우리 삶에 필요한 부분을 채우기 위한 노력의 부재에 정당성을 부여하는 것이 아닌가 싶다.

일상에서 공감 능력을 키우기 위해서는 다양한 경험을 통해 나와 다른 사람들을 들여다보며 내가 지금껏 알고 있던 삶의 모습들이 전부가 아니라는 사실을 깨닫는 것이 필요하다. 그리고 책, 영화, 드라마 등 많은 매체를 통해 '다른 존재가 되어보기' 연습으로 타인의 관점에서 세상을 바라볼 수 있는 능력을 키울 수 있다. 단, 간접 경험은 직접 경험을 따라올 수 없으니 그 이상의 몰입이 필요하다.

예전에는 해야 할 일이 많으면 그것에 몰두하느라 사람들을 만날 시간을 의도적으로 만들지 않았다. 당장 눈앞의 일보다 중요하지 않다는 판단에서다. 하지만 지금은 생각이 다르다. 사람들을 만나서 이야기를 나누는 시간 속에서 혼자서 고민했던 부분들이 자연스럽게 해결되고 새로운 아이디어가 생긴다는 것을 깨달았기 때문이다. 가만히 앉아 책만 쓰는 것보다 사람들의 살아있는 삶의 이야기를 들으며 쓰는 것은 완전히 다른 일이라는 것을 이제는 안다. 사람의 생각은 끝없이 변화한다는 사실이 신기하다. 책을 읽고 쓰면서 더 많이 실감하고 있다.

어릴 때는 내가 처한 상황에만 관심이 있었다. 나와 다른 환경에 있는 사람이 무슨 생각을 하며 살아가는지에는 그다지 관심이 없었다. 하루하루 내가 해야 할 일과 앞으로의 목표를 향해 가는 길에만 급급했다. 내가 줄곧 바라보았던 곳을 떠나보는 경험을 통해서, 소중한 것을 잃는 경험을 통해서 늘 내 생각이, 판단이 옳은 것은 아니라는 사실을 알게 되었다.

결혼과 출산, 육아를 경험하면서 나를 둘러싼 모든 환경을 통제하는 일이 얼마나 힘든 일인지 깨달았다. 그리고 힘든 순간에도 내 인생만을 바라봐서는 안 된다는 것을. 나는 책을 통해 타인의 삶을 들여다보기 시작했다.

아서 프랭크의 《아픈 몸을 살다》라는 책을 읽었다. 저자는 서른아홉에 심장마비, 마흔에 암이라는 질병을 겪으면서 얻은 깨달음을 책에 담았다. 질병을 겪으며 주변의 세계를 천천히 집중해서 보게 되었다. 아픈 동안 자신 앞에서 닫힌 것은 작은 창문일 뿐이었고 열린 것은 더 큰 문이었다고 말한다. 그는 질병을 '기회'라고 말한다. 기회를 붙잡기 위해 질병과 함께 조금 더 머물러야 하며 질병을 적극적으로 살아내고 통과하면서 배운 것을 나눠야 한다고 말한다. 자신이 겪었던 질병에 대해 생각하고 말하고 글로 쓰면서 질병을 받아들이고 이겨낼 수 있으며 이전과는 다르게 살아갈 수 있다고. 우리 삶의 경계로 데려가 주는 심각한 질병은 그저 오랫동안 살아왔던 대로 계속 사는 대신 살고 싶은 삶을 선택할 수 있게 해준다는 것이다.

"건강한 사람들과 아픈 사람들을 분리해두는 대신, 우리는 살아 있는 사람이라면 누구나 누려야 하는 권리를 생각해봐야 한다. 모든 인간이 누려야 하는 기본 권리 중에서도 특히 자신에게 일어나고 있는 일을 경험할 권리를 짚고 싶다. 이 순간에서 저 순간으로 내달리면서 살아가느라 사람들에겐 자신이 무엇이 되어가고 있는지 반추할 시간이 없다. 우리는 더 많이 생산하는 법, 몸을 생산 도구로 사용하는 법을 배우고 익히면서 인생을 보낸다."

그는 질병의 궁극적인 가치는, 질병이 살아 있다는 것의 가치를 가르쳐준다는 점에 있다고 말한다. 아픈 사람은 동정받아야 하는 대상이 아니라 가치 있게 여겨져야 하는 존재라는 것을 일깨워준다. 우리는 질병과 죽음을 존중하며 삶의 가치를 다시 확인한다고 말한다. 책을 읽으면서 잠시 생각에 잠겨본다.

'나에게 남은 인생의 시간이 고작 한 달이라면, 나는 지금처럼 살아갈까?'

나도 한때, 또래 친구들보다 약한 체력 때문에 힘들게 살아가던 시절이 있었다. 남들만큼의 체력만 있다면 뭐든 할 수 있을 거라는 생각을 해본 적이 있다. 그 시기를 견뎌내면서 누구보다 건강의 소중함을 잘 아는 사람으로 살아가고 있다. 죽음에 대한 두려움을 간혹 느끼긴 했지만 죽음을 앞둔 사람들의 심경을 알지 못한다. 현재 온 힘을 다해서 살아가고 있다고 느끼더라도 '오늘'이라는 시간이 절박한 사람의 눈에는 아무것도 아닌 것으로 보일지도 모른다. 나는 늘 부족하다는 생각이 자기 비하로 향하지 않고 성장을 위한 방향으로 이끌어주는 것에 감사하다.

내 곁에는 늘 책이 있기에 내가 방향을 잃지 않고 앞으로 나아갈 수 있게 도와준다. 지금 신체적, 정신적으로 힘든 시간을 보내고 있는 사람이 있다면 그 시간을 견뎌내고 통과함으로써 이전과는 다른 사람으로 살아갈 수 있으리라 믿는다. 책은 잠시나마 다른 존재가 되어 볼 수 있게 해준다. 그 짧은 시간의 여행에서 돌아오면 현재 내 인생을 돌아보게 하고 변화를 일으킨다. 책을 읽기 전과 읽은 후의 내 삶은 분명히 다르다는 것을 느낀다.

우리는 한 번 사는 인생에서 모든 경험을 할 수 없다. 하지만 노력으로 원하는 만큼의 경험은 할 수 있다고 믿는다. 소설가이자 문학평론가였던 올더스 헉슬리는 "경험은 배울 줄 아는 사람만 가르친다."고 말했다. 경험은 책을 읽지 않는 사람에게 그 이상의 것을 가르쳐주지 않는다는 말이 아닐까.

읽을 때마다 두근거리는
새로운 인생이 열린다

초등학교 때 나는 호기심이 참 많은 아이였다. 친구들과 어울려 이산저 산을 누비고 다녔다. 산에 다니다 절이 보이면 들어가서 절도 하고 약수터가 보이면 약수를 떠서 집으로 오곤 했다. 지금 생각해보면 위험천만한 순간들이 많았다. 수상한 사람도 많이 만났고 우르르 몰려다니다 차에 치일 뻔한 적도 있다. 시험 때가 아니면 온종일 돌아다니며 호기심을 채웠다.

사람이 성장하는 데 필요한 것은 아이처럼 끝없는 호기심을 가지는 것이 아닐까. 아이들에게서 우리가 배워야 할 것 또한 호기심이다. 아이들은 변덕도 심하다. 하나에 꽂혀 알아가더라도 이내 다른 것에 관심을 쏟곤 한다. 아이들은 편견이 없다. 어떤 지식도 흡수할 수 있는 스펀지 같은 존재다. 어른들은 아이들이 가진 능력을 평가절하 하지만 아이들은 이미 어른들보다 많은 것을 가지고 있다.

책을 읽을 때도 기대감과 호기심 없이 자신의 것으로 만들 수 없다. 이미 알고 있는 것만이 답이라는 편견에 얽매이면 자신이 가진 상식을 넘어설 수 없을 것이다. 갖고 싶은 것은 많고 채우고 싶은 욕망은 끝이 없지만 더 많이 배우려는 욕심은 그것을 따라오지 못한다.

죽는 순간을 떠올려본다. 무엇이 아쉽고 무엇이 후회가 될까? 더 많이 누리지 못한 것이 아쉬울까? 더 많이 베풀지 못한 것이 후회가 될까? 더 나은 인간으로 살아가지 못한 것이 아쉬울 것 같다. 내가 원하는 내 모습에 좀 더 가까이 다가가지 못한 것이 가장 후회가 될 것 같다.

《길 위의 철학자》는 에릭 호퍼의 마지막 책이자 사후 출간한 유일한 자서전이다. 그는 떠돌이 노동자, 레스토랑 웨이터 보조, 사금채취공, 부두노동자를 전전하면서 살았다. 정규 교육을 받지 않았지만 광적인 독서량과 깊은 사색으로 독자적인 사상을 구축했다. 그의 삶과 사상이 주목받는 이유는 길 위에서, 노동 속에서 인간과 삶을 들여다보고 진리를 찾아냈기 때문이다. 다음은 교육에 관한 그의 생각이다.

"교육의 주요 역할은 배우려는 의욕과 능력을 몸에 심어주는 데 있다. '배운 인간'이 아닌 계속 배워 나가는 인간을 배출해야 하는 것이다. 진정으로 인간적인 사회란 조부모도, 부모도, 아이도 모두 배우는 사회이다."

그는 어린 시절의 기억에 관해 이야기한다.

"어린 내가 가만히 있지 않을 때 어머니 마르타가 나를 벽장의 서가에 붙어 있는 테이블 위에 올려놓았다. 아버지는 독학한 가구 제조공이었는데, 영어와 독일어로 된 철학, 수학, 식물학, 화학, 음악, 여행 분야의 책을 100권 정도 가지고 있었다. 나는 그 책들을 크기와 두께, 표지 색깔별로 분류하는 일에 흠뻑 빠져들곤 했다. 또한 영어책과 독일어 책을 익숙하게 구별하기도 했다. 나중에는 내용에 따라 책들을 분류할 수 있게 되었고, 그래서 다섯 살이 채 되기도 전에 영어와 독일어를 익히게 되었다. 그렇게 분류하는 일에 열중한 결과, 내가 사색하고 글쓰기를 시작했을 때에도 여전히 사실들과 인상들을 분류하고 그것을 대조하는 일을 계속하고 있음을 알게 되었다."

그는 일곱 살 때, 시력을 잃었고 열다섯 살 때 시력을 되찾았다. 그는 다시 눈이 멀기 전에 읽을 수 있는 모든 것을 읽어야겠다고 생각하고 거침없이 책을 읽었다. 빈민가에서 홀로 살아갈 때 로스앤젤레스의 시립도서관 근처에 싸구려 방을 하나 빌리고는 한눈팔지 않고 독서로 시간을 보내기도 했다. 배고픔 속에서 두려움이 아닌 자유로움을 느꼈다. 노동하면서 꾸준히 독서를 하고 사색하며 글을 쓰는 일에도 열정을 쏟았다. 그는 방황과 노동의 삶에서 새로운 사람들을 만나고 새로운 책을 접할 때마다 삶의 진리를 깨우쳤다. 그의 삶 자체가 살아 있는 공부였다.

우리는 매일 삶을 바꿀 수많은 기회와 마주한다. 화가

나는 순간에 웃을 수 있고 포기할 수밖에 없는 순간에 다시 힘을 낼 수도 있다. 책 한 권을 읽을 때도 그저 시간을 때우기 위해 읽거나 배움을 얻고자 하는 자세로 읽을 수도 있다. 어떤 마음이냐에 따라 우리의 삶을 충분히 달라진다.

사실 책을 읽기 가장 좋은 시기는 노년이라고 생각하는 사람들이 꽤 있는 것 같다. 할 일이 많지 않고 시간이 넘쳐 날 거라 생각하기 때문이다. 아이러니하게도 이 시기는 몸이 따라주지 않아 책을 읽고 싶어도 읽지 못하는 사람들이 많다. 눈이 약한 사람들은 책을 조금만 읽어도 눈이 아프고 시력에 문제를 일으키기 때문이다.

나는 긴 인생을 자식만 챙기며 살아온 어머니가 이제는 자신의 삶을 돌아보며 여유롭게 책을 읽고 때로는 쓰면서 혼자만의 시간을 잘 보내시길 바랐다. 하지만 어머니는 눈이 아파서 그럴 수가 없다. 시간은 늘 우리를 기다려주지 않는다. '언젠가는'이라는 생각으로 현재를 미루는 일들이 얼마나 많은가. 지금 젊고 건강할 때 더 많이 읽고 배우고 실천하며 살아야겠다는 마음이 든다. 젊어서 지키는 건강이 얼마나 중요한지 깨닫는다.

《법륜스님의 금강경 강의》를 즐겨 읽은 적이 있다. 《금강경》을 법륜스님이 쉽게 풀어서 설명하고 있어서 이해하기가 쉽다. 법륜 스님의 강연은 사람들이 일상에서 겪는 다양한 문제에 명쾌한 답을 준다. 이 책을 통해 현재의 괴로움에서 벗어나 자신의 인생을 살아갈 수 있는 길을 찾게 된다.

법륜 스님은 책에서 현재의 소중함에 관해 이야기한다.

"중요한 것은 언제나 현재입니다. 지나간 과거도, 아직 오지 않은 미래도 지금 이 순간 존재하지 않습니다. 한눈 팔 틈 없이 집중해야 하는 시간은 미래도 과거도 아닌 바로 현재입니다. 그런데도 우리는 늘 현재를 놓치며 삽니다. 과거를 생각하다 현재를 놓치고 미래를 걱정하느라 또 현재를 놓칩니다. 그렇게 사는 사람에게는 온전히 집중할 수 있는 현재란 없습니다. 그런 삶은 죽은 것과 다를 바 없습니다. 다만 지금 이 시간에 집중해서 온 힘을 다하면 현재가 쌓여 미래가 되어가는 이치를 꿰뚫어 보게 됩니다."

법륜스님의 말씀에서 대부분의 사람이 고통에서 헤어 나오지 못하는 이유를 알게 된다. 나 역시 무언가에 집중하다가도 지나온 시간에 대해 그리고 앞으로의 미래에 대해 끊임없이 고민한다. 온전히 현재에 집중하는 일이 얼마나 힘든 일인지 매일 깨닫게 된다.

이미 지나온 과거의 일로 후회하고 현재의 삶을 갉아먹는 사람들이 많다. 현재의 삶이 과거의 부주의에서 나왔다는 생각에서 벗어나지 못하기 때문이다. 과거는 바뀌지 않고 지금의 내 삶을 흔들 만큼의 힘이 없는데도 말이다. 과거를 떠올리는 '내 생각'만이 나를 괴롭게 한다는 것을 잘 알면서 어리석음을 반복한다. 미래에 대한 걱정은 현재의 삶에 발목을 잡고 현재에 집중할 수 있는 시간을 빼앗는다. 지금 어떤 삶을 선택하느냐에 따라 미래는 충분히 달라질 수 있는데도 불구하고 충실한 현재를 살아가지 못한다. 평생 자신의 생각과 싸우며 살아간다. 생각의 전쟁에서 승리하기가 쉽지 않다. 우리는 이렇게 실체가 없는 마음에 끌려 다니게 된다.《금강경》은 스스로가 만든 번뇌에서 벗어날 때 나다운 삶을 살아갈 수 있다는 것을 가르쳐준다. 헤르만 헤세는《헤르만 헤세의 독서의 기술》에서 말한다.

"새로운 언어를 전혀 습득하지 않는 독자, 생소하고 새로운 문학을 아예 한 번도 접하지 않은 독자라 하더라도, 독서를 무한히 계속하고 더 세밀화하고 더 향상시키며 강화할 수 있다. 어떤 사상가의 어떤 책, 어떤 시인의 어떤 시라도, 거듭하여 읽을 때마다 늘 새롭게 다가오고 다르게 이해되며 색다른 울림을 일으키게 마련이다."

그는 괴테의《친화력》을 여러 번 읽었다고 한다. 읽을 때마다 완전히 다른 책이라고 느끼게 만드는 점이 독서체험의 놀랍고 불가사의한 측면이라고 말한다.

나는 복잡한 생각이 나를 괴롭힐 때면 책을 손에서 놓지 않는다. 몰입해서 읽다 보면 어느새 외부가 아닌 나 자신에게 집중하게 된다. 글을 쓰는 행위도 마찬가지다. 책을 읽고 쓰는 것만큼 나를 현실에 충실하게 만들어주는 것은 없다. 자신을 괴롭히는 생각에서 벗어나고 싶다면 지금 당장 책을 집어 들어야 한다. 읽을 때마다 새로운 인생이 열리기에.

•
사랑하면서 느끼는 고통이
사랑하지 않는 고통보다 낫다

┌─────────────────────────────┐
│ F.스콧 피츠제럴드,《위대한 개츠비》 │
└─────────────────────────────┘

책장을 정리하다 오래된 책 한 권을 발견했다.《위대한 개츠비》였다. 책을 꺼내 펼치는 순간 뭔가가 툭 하고 바닥에 떨어졌다. 빛바랜 편지였다. 2003년 4월 20일에 내가 쓴 편지였다.

'이 편지는 왜 주인에게 가지 못하고 여기에 있을까?'

한참을 생각했다. 떨리는 마음으로 편지를 읽어 내려갔다. 잊고 있었던 오래전 '나'와 만나는 것 같아 설레었다. 인도로 비행을 갔을 때 호텔 방에서 쓴 편지였다. 아주 오랫동안 떨어져 지내던 J에게 그리운 마음을 담아 쓴 편지였다. 인도에서 머무는 3박 4일 동안의 일상을 써놓았다. 편지를 읽으며 문득 이런 생각이 들었다.

'나는 지금껏 내가 기억하고 싶은 것만 간직하고 살았구나.'

편지 속에 존재하는 나는 내가 기억하는 그 시절의 내가 아니었다. 냉정하고 일밖에 모르며 살았다고 생각했는데 생각보다 어른스럽고

귀엽기까지 했다. 과거의 내 모습과 마주하며 웃음이 났다. 지금의 나보다 훨씬 괜찮은 사람 같았다.

내 인생에서 가장 힘들었던, 가장 치열하게 살았던 20대 시절에 나는 J를 보면서 나의 힘겨움이 크게 느껴지지 않았다. 그는 늘 내가 상상하는 그 이상을 해내는 사람이었기 때문이다. 하고자 마음먹은 일은 해내고야 말았다. 아무것도 없는 가운데서, 도와주는 이 하나 없는 환경에서 J는 홀로 일어설 줄 아는 사람이었다. 사랑하는 사람이 곁에 있지만 미래를 위해 기꺼이 외로움을 선택할 줄 아는 사람이었다.

J는 개츠비 같은 남자였다. 이렇게 말하면 너무 과장된 표현이 아닌가 하는 생각을 할 것이다. 나는 가진 것이 아닌 그가 가진 사랑의 깊이를 말한다. 한 사람을 사랑하는 마음의 깊이가 개츠비 같았다. 그래서 나는 먼 타지에서 책을 읽으며 J를 떠올렸는지도 모른다. 10년이 훨씬 지난 지금도 같은 책을 읽으며 J가 생각났다. 사랑한다는 말을 아무렇지 않게 쏟아내는 현실에서 자신의 모든 삶을 지탱해 줄 '진짜 사랑'을 안고 살아가는 사람은 얼마나 될까.

우리가 늘 함께했다면 이렇게 추억할 일이 없었을지도 모른다. 떨어져 있으면서 그리움을 안고 살아갔기에 사랑의 소중함에 대해 더 깊이 깨달았는지도. 보이지 않는 사랑이 주는 힘을 경험할 수 있었다. 영원한 사랑은 존재하지 않는다는 사람들에게, 사랑의 유효기간은 3년이 되지 않는다는 사람들에게 모두가 그렇지 않다고 당당하게 말할 수 있었던 건 J 때문이었다. 사랑은 끝나는 순간에 그 가치를 말해준다.

개츠비는 어리석은 남자다. 하지만 위대한 남자다. 누군가는 무모한 사랑이라 말할지 모르겠지만 그에게는 사랑이 전부였다. 그래서 개츠비의 사랑은 눈부시게 아름답다. 개츠비가 평생 사랑했던 데이지는 이룰수 없는 꿈이었다. 전쟁으로 인해 사랑하는 여자를 떠나게 되었지만 그녀를 다시 만날 때까지 한순간도 그녀를 잊은 적이 없는 남자다.

데이지는 부자와 결혼해 호화롭지만 남편의 외도로 외로운 삶을 살아갔다. 개츠비는 그녀가 남의 아내가 되었다는 사실을 알게 되지만 되찾기 위해 자신의 모든 것을 건다. 과거를 과거 속에 묻지 않으려 하는 개츠비. 원하는 이상 속에서 그것만이 유일하게 살아갈 이유라고 생각했다. 평생을 사랑했고 목숨을 바쳐 지켜줬지만 장례식장에 꽃 한 송이조차 놓아주지 않는 여자를 위해 인생 전부를 걸었던 남자. 자신의 평온한 삶만을 지키기 위해 애쓰는 사람을 사랑하는 어리석음을 선택한다 해도, 그렇게 삶이 끝난다 해도 그에게는 제일 나은 선택이고 모든 것이었다. 개츠비는 이상 없이 고통스러운 현실을 받아들이고 살아가는 것보다 환상일지라도 자신만의 꿈을 간직하고 살아가는 사람이 위대하다는 것을 보여준다.

제임스 샤이블리James Scheibli의 《짧지만 위대한 명대사》에는 마음에 가까이 다가오는 명대사들이 수록되어 있다. 〈조 블랙의 사랑〉에서 윌리엄 패리쉬의 명대사를 소개한다.

"사랑은 열정이자 집착이야. 그 사람이 없으면 살 수 없을 것 같고 돌아버릴 것 같은 게 사랑이야. 내가 미치도록 빠질 사람, 내게 미치도록 빠질 사람을 찾아야 해. 어떻게 찾느냐고? 머리가 아닌 가슴의 소리에 귀를 기울여. 지금은 전혀 들리지 않잖아. 사랑이 없는 삶은, 살아도 의미가 없어. 그 길을 걸어 보지 않은 사람은, 깊은 사랑에 빠져보지 않은 사람은 진정 삶을 살았다고 할 수 없어."

이런저런 이유로 사랑은 피하고 싶다는 사람에게 들려주고 싶은 명대사가 있다. 〈사랑과 죽음〉에서 소냐의 대사다.

"사랑은 고통이야. 고통을 피하려면 사랑하지 않으면 돼. 그러나 그렇게 되면 사랑하지 않기에 고통스럽지. 그러니까 결국 사랑은 고통, 사랑하지 않는 것도 고통, 고통은 고통이야. 행복은 사랑이야. 그러니까 행복 역시 고통이거든. 하지만 고통받는 이는 불행해. 그러므로 불행하려면 사랑을 하든가, 고통을 사랑하든가, 아니면 행복에 겨워 고통스러우면 돼. 내 말 적고 있지?"

내게도 그랬다. 사랑은 고통이었고 사랑 없는 삶도 고통이었다. 하지만 사랑하면서 느끼는 고통이 사랑하지 않는 고통보다 낫다는 생각은 변하지 않는다. 인생은 고통의 연속임이 분명하니까. 사랑마저 없다면 정말 고통스러울 테니까. 사랑을 시작할 땐 누구나 위대한 개츠비를 꿈꿀지도 모른다. 사랑할 땐 그 사랑의 소중함을 깨닫기 힘들다. 그래서 떠나보면 안다. 그 사랑이, 그 사랑이 주는 고통이 얼마나 달콤한 것이었는지를.

이 순간 다시 궁금해진다. '왜 편지를 전해주지 않았을까?', '편지를 써놓고 책 속에 끼워놓은 걸 까먹었던 걸까?', '편지를 쓰고 나서 마음이 변했던 걸까' 오늘은 종일 그때의 '나'와 대화를 나눈다. 곰곰이 생각해본다. 이후의 삶에서 내가 얻은 것은 무엇이며 잃은 것은 무엇인지.

단 한번 뿐인 인생에서 한 순간만이라도
누군가를 깊이 사랑할 수 있다면

러시아 드라마 〈전쟁과 사랑〉

며칠 동안 〈전쟁과 사랑〉이라는 러시아 드라마를 봤다. 머릿속이 복잡
했던 터라, 이 드라마는 나를 순식간에 다른 세상으로 데려다주었다.
〈전쟁과 사랑〉은 알렉세이 니꼴라예비치 톨스토이(1883년~1945년)의 소
설 《고뇌 속을 가다》를 드라마로 만든 것이다. 세 권으로 이루어진 이 작
품은 러시아 변혁기에 일어난 사건과 그 시대를 살아간 사람들의 삶에
대해 그리고 있다. 전쟁, 계급투쟁, 사랑에 관해 이야기하며 그들의 삶이
어떻게 변화하고 발전하는지 보여준다.

　〈전쟁과 사랑〉을 보며 마치 내가 그 사람들과 함께 숨 쉬고 있는 듯한
느낌을 받았다. 가슴이 찢어질 듯 아프기도 했고 행복한 순간도 있었다.
이 드라마에서는 특히 자매간의 깊은 사랑을 보여준다. 어떤 순간에도
서로에게 위안이 되는, 힘이 되는 존재다. 그들이 여자로서 겪어야 하는
아픔을 공감했고 전쟁으로 인해 더 강해지는 모습에 박수를 쳤다. 어떤

순간에도 사랑을 잃지 않는 마음이 큰 감동을 준다.

제1차 세계대전을 목전에 둔 1914년 초 러시아. 정치와 전쟁, 사랑이라는 것에 대해 함께 생각해볼 수 있는 드라마다. 이 드라마는 열두 편으로 되어 있다. 보면서 시간이 어떻게 지났는지 모르겠다. 그동안 내 머릿속의 복잡한 생각들은 정리되었다. 이 드라마는 인생을 어떻게 살아야 하는지를 말해준다. 끊임없이 고뇌하는 인간으로 살아가야 한다는 것을 깨닫게 해준다.

내가 가장 싫어하는 말은 "어쩔 수 없었다."는 것이다. 자신의 잘못을 남에게 돌리고 책임을 회피하는 사람들이 자주 했던 말이기 때문이다. 어쩔 수 없는 상황에서도 쉬운 선택이 아닌, 힘든 선택을 하는 사람이 있다. 누군가는 "사랑이 밥 먹여 주느냐?"는 말을 하지만 이 드라마를 본다면 사랑의 힘이 얼마나 위대한지 알게 될 것이다. 자신이 믿는 것에 대한 사랑, 자신의 사랑을 믿는 것이 가진 힘을 말이다.

두 자매는 전쟁을 통해 강해진다. 전쟁터에서 부상당한 병사들을 치료하고 진정한 자유를 찾기 위해 자신의 삶을 선택한다. 자신의 책임을 회피하지 않으며 분노를 숨기지 않는다. 사랑하는 사람에게 믿음을 저버리지 않는다. 죽음 앞에서도 자신의 신념을 지키며 살아간다.

목숨을 걸고 싸우는 전투에서 살아야 할 이유가 있는 사람은 끝까지 포기하지 않았다. 목숨을 바칠 만큼의 믿음이 있는 자, 목숨을 지키고 싶을 만큼 사랑하는 사람을 가진 자였다. 어떤 순간에도 우리는 '증오'가 아닌, '사랑'으로 살아가야 한다. 드라마를 보면서 남은 인생은 내가 믿어야 하는 신념을 따르는 삶을 살아야겠다고 다짐했다. 혼돈 속에서 잠시 잊고 있었던 내 안에 숨겨진 뜨거운 열정이 솟아나는 기분이었다.

"사랑도 습관이에요."

이 드라마에서 누군가 이런 말을 한다. 사랑도 습관이니 언제라도 다른 사람을 사랑할 수 있다고. 사랑을 위해 목숨 걸고, 사랑을 위해 살아가는 사람을 바라보는 누군가는 이렇게 말할 수도 있겠다 싶었다. 그 사람이기 때문에 목숨 건 사랑을 한다는 것을 누군가를 깊이 사랑해보지 않은 사람은 모를 것 같다. 그러니 목숨 걸고 사랑할 수 있는 사람은 세상에서 가장 행복하다. 삶에 대한 열정이 강한 사람이다.

드라마의 마지막 장면이 인상 깊었다. 부르주아 시인으로 노동자의 삶을 공감하지 못했던 '베소노프'는 돈을 받기 위해 노동자들 앞에 섰다. 시를 읊는 순간 노동자들의 눈에서 뜨거운 눈물이 흐른다. 그들의 눈물을 마주한 베소노프는 다음날 자살한다. 사람들의 눈빛에서 간절한 희망을 보았던 것이다. 참혹한 전생 속에서 사상이 다르고 신분이 달라서 서로에게 총을 겨누는 그들은 수많은 동지들을 잃어가며 무엇을 위해 싸우는가에 대한 의문을 던진다.

우리는 같은 세상을 살아가더라도 사상이 다르다는 이유로 많은 다툼을 한다. 자신과 뜻을 함께하지 않는 사람을 쉽게 적으로 규정짓는다. 누구나 살아온 환경을 기준으로 세상을 바라보기 쉽다. 하지만 눈을 조금 더 크게 뜨고 더 넓은 세상에서 자신이 살아가는 공간을 바라본다면 자신과 다르다고 해도 아량을 베풀 수 있는 마음의 여유가 생길 수 있지 않을까. 내가 옳다고 믿었던 것이 그렇지 않다고 느껴질 때 허무함을 느낀다. 언제나 내 안에 있는 좁은 생각에 갇혀서 살아가서는 안 되겠다는 생각을 한다.

서로에 대한 깊은 사랑과 믿음으로 결국 만나게 되는 두 자매와 그들의 배우자들. 전쟁의 아픔으로 서로를 더욱 이해하게 되는 남녀의 모습에서 잔잔한 사랑이 가지지 못하는 깊은 슬픔과 열정을 느낄 수 있었다. 단 한번 뿐인 인생에서 한 순간만이라도 누군가를 깊이 사랑할 수 있다면 그 사랑이 가진 힘은 많은 부분을 변화시킬 수 있으리라 믿는다.

긴 드라마와 호흡을 함께하며 부끄럽지 않은 내 삶을 살아가야겠다는 생각을 했다. 죽는 순간까지 사랑하는 마음을 잃지 않고 살아가겠다고, 어떤 순간에도 내가 가진 신념을 버리지 않겠다고 다짐한다. 그들이 보여준 것처럼.

지금 당장 하면 된다,
후회하지 않을 선택을

영화 〈남아 있는 나날〉

영화 〈남아 있는 나날〉은 가즈오 이시구로의 소설 《남아 있는 나날》을 원작으로 한 영화다. '스티븐슨'이라는 한 남자가 자신의 인생을 돌아보며 누구보다 직업적으로 충실했던 삶에서 잃은 것이 무엇인지 깨닫는 이야기다. 그의 인생을 통해 우리의 삶을 돌아보게 해준다.

영화의 배경은 1930년대로 시대적으로 혼란스러운 시기다. 스티븐슨은 저택의 집사를 맡고 있다. 주인에게 정치적으로 어떤 문제가 있더라도 관여치 않는다. 마치 세상이 어떻게 돌아가는지는 전혀 관심이 없고 집안에서 자신이 처리해야 할 업무만을 생각한다. 위엄과 격식을 최우선으로 생각하며 사사로운 감정에 흔들리지 않는 절제된 삶을 살아간다. 그의 일관성 있고 완벽한 업무 처리에서 존경스러운 마음이 들지만 한편으로는 그의 삶이 고독해 보인다.

스티븐슨의 맹목적인 충성심은 개인의 삶에 후회를 남긴다. 아버지의 임종을 지켜보지 못하고 자신에게 마음을 둔 켄튼의 사랑을 모른척 한다. 최선이라 생각하며 선택하는 모든 일들이 그에게 행복을 주지 않는다.

켄튼은 스티븐슨에게 여러 차례 마음을 표현하지만 자신의 마음을 모른척하는 그를 떠나 다른 남자와 결혼한다. 사랑하는 마음을 딴 곳에 두고 결혼하는 여자가 행복할 리 없다. 결국 그녀의 결혼은 실패로 끝난다. 오랜 시간이 흐른 후 스티븐슨은 켄튼을 찾아가지만 아무런 말도 하지 못한다. 서로를 바라보는 눈빛에서 사랑과 후회의 감정을 읽을 수 있었다. 그녀를 보내고 돌아서는 스티븐슨의 모습이 쓸쓸하다. 인생의 허무함이 전해진다.

스티븐슨은 책임감으로 평생을 살아온 아버지의 영향을 많이 받았을 것이다. 죽기 전까지 일을 완벽하게 해내는 것에만 신경을 썼던 아버지였기 때문이다. 아버지를 존경하는 마음은 아버지와 같은 삶을 살아가게 했다. 현재의 삶에 온 힘을 다하지만 가슴이 시키는 대로 살아갈 수 없는 안타까움이 전해진다. 그 누구도 그런 삶을 강요하지 않았다.

영화를 보면서 후회 없는 인생은 무엇인가를 생각해본다. 자신에게 주어진 일에 책임을 다하는 삶만이 최선이라 생각하는 사람들이 많다. 어쩌면 우리의 부모님들은 그런 삶을 살았을 것이다. 책임을 다해 부모를 모시고 자식을 키우며 가족을 부양하는 삶 외에 아무것도 생각할 수 없었던 부모님의 삶을 떠올려본다.

책임감으로 살아가는 부모님을 지켜보는 나의 마음은 어땠는지 기억을 더듬어본다. 나 역시 부모가 되어보니 나보다 자식이 우선이 되는 것은 어쩔 수 없다. 힘들 땐 그런 마음을 자식이 알아주길 바라지만 어릴 때 내 모습처럼 부모의 마음을 알아주길 바라는 것은 욕심이라는 생각이 든다. 살아보지 않은 세월을 공감한다는 것은 어른들에게도 힘든 일이니까.

한때 누군가에게 맹목적인 충성심으로 일했던 적이 있다. 맹목적일 수 있다는 건 그만큼의 열정을 품고 있다는 의미다. 사랑하는 사람이 아닌 어떤 일에 열정을 쏟는다는 것은 성공을 향한 욕망이 그만큼 강하다는 것을 뜻한다. 맹목적인 사랑이 위험하듯 맹목적인 충성 또한 위험한 일이라는 것을 깨달았다. 일을 위해 소중한 것들을 희생시킬 수밖에 없다는 것을 경험했기 때문이다.

살아가면서 일은 중요하다. 생존을 위한 필수요건이다. 하지만 일한다는 것은 살기 위해서다. 일을 위해 사는 것이 아니라 살기 위해 일을 한다는 것을 우리는 왜 자주 잊어버리는 걸까. 일만 하며 살다 가족으로부터 소외되고 사랑하는 사람을 잃는 일은 자주 발생한다. 자신이 최선이라 여기며 하는 일들은 가끔 가까운 사람에게 돌이킬 수 없는 상처를 주기도 한다.

우리의 삶에 균형을 맞추기 위해서도 '사랑'이라는 감정에 솔직해질 필요가 있다. 가슴속에 사랑을 품고 살아가는 사람은 맹목적인 책임감으로 인생을 허비하지 않을 거라는 생각이다. 선택해야 하는 순간이 올 때마다 사랑하는 사람을 먼저 떠올릴 테니까. 맹목적인 충성으로 일했지만 결국 사랑하는 사람들을 위해 일을 포기했던 것처럼 나는 늘 어떤 기로에 섰을 때 내 마음을 들여다보는 것을 잊지 않으려 노력한다.

〈남아 있는 나날〉을 보며 앞으로 살아갈 날들에 대해 고민해본다. 힘든 순간이 올 때마다 나를 일으켜준 것은 단 하나의 질문이었다. '죽기 전에 내가 후회할 것은 무엇인가'하는 것이다. 선택의 기로에 섰을 때 기준을 정해주기도 한다. 당장은 힘들지만 후회가 남지 않을 것을, 죽기 전에 떠올렸을 때 고통도 기쁨이 될 수 있기를 바라는 마음으로 선택한다면 후회가 없을 것 같다. 지금까지 후회가 많았다면 그래도 상관없다. 우리에겐 다가올 내일이 있으니까. 지금 당장 선택하면 되는 것이다. 후회하지 않을 선택을 말이다.

우리에게는 자신의 감정을
스스로 선택할 권리가 있다

알베르 카뮈 《이방인》

《이방인》은 1940년에 집필을 완료하고 1942년에 출간된 알베르 카뮈의 작품이다. '이방인'이라는 단어가 주는 느낌이 쓸쓸하다. 잘 아는 사람들 속에서도 우리는 가끔 자신을 '이방인' 같은 존재라 느낄 때가 있다. 소설 속 주인공 뫼르소는 양로원에서 홀로 지내던 어머니의 사망 소식을 듣고 장례를 치르러 간다. 어머니의 죽음은 그 어떤 충격을 주지도 못 하며 그로 인해 달라지는 것은 아무것도 없다.

뫼르소는 자신의 삶에 기대하는 것도, 타인의 삶에 깊은 관심도 없다. 삶의 변화에 흥미를 느끼지 않느냐는 질문에 그는 "나는, 삶이란 결코 달라지는 게 아니며, 어쨌건 모든 삶이 다 그게 그거고, 또 나로서는 이곳에서의 삶에 전혀 불만이 없다."고 대답한다. 누군가를 불편하게 만드는 것도 자신의 삶을 바꾸는 것도 싫었다.

뫼르소는 우연히 살인을 저지르게 된다. 그는 '강렬한 태양' 때문이라고 말한다. 사형 선고를 받고 감옥에서 보내면서 처음으로 자신의 감정을 살펴보게 되었고 한 번도 생각해보지 않았던 것들을 떠올려본다.

대부분의 사람들이 살아가면서 많은 에너지를 쏟으며 감정을 낭비하는 모습이 그에게는 보이지 않는다. 변명하는 것, 누군가를 미워하는 것, 어떤 감정을 표출하는 것 등을 빼고 보통의 사람들과 비슷하지만 다른 삶을 살아간다. 타인이 자신을 규정짓도록 내버려두고 싶지 않지만 결국 포기하는 인물이다. 아무런 의미가 없다고 생각해서다.

감옥에 들어서면서 그의 삶은 멈춰버린다. 주인공을 읽어 내려가면서 그의 생각과 호흡을 같이 하다 보면 어느 새 나 자신도 그렇게 되어버릴 것만 같은 생각이 든다. 나의 모든 것을 드러내는 것이, 가깝다고 해서 그 사람의 모든 것을 안다는 것이 큰 의미가 있을까 하는 생각. 오히려 그런 욕망은 삶에서 멀어지게 만든다는 것을 이제는 알 것 같아서 주인공의 마음이 이해가 되었다. 소설을 읽다 보면 보이는 대로 생각하고 믿는 것이 얼마나 무의미한가를 깨닫게 된다. 끝없는 침묵과 외로움 속에서 뫼르소는 기억을 되살리는 법을 터득하게 된다.

"깊이 생각을 하면 할수록 나는 소홀히 했던 것, 잊어버렸던 것들을 더 많이 기억에서 끌어낼 수 있었다. 그때 나는 단 하루밖에 살지 않은 사람도 감옥에서의 100년쯤은 어렵지 않게 살 수 있으리라는 것을 깨달았다. 그런 사람도 추억할 거리가 얼마든지 있어 심심하지 않을 것이다. 어떻게 생각하면 그건 하나의 장점이었다."

뫼르소는 타인에 의해 운명이 결정된다. 하지만 애써 자신을 변호하지 않는다. 그로 인해 달라질 것은 없다고 생각했다. 그의 운명에 대한 결정권을 가진 사람들은 그의 행동과 표정만으로 판단할 뿐 진실에 대해, 그 이전에 그의 삶에 관해서는 관심이 없다. 선과 악에 대해 정해져 있는 규범대로 생각하고 판단을 내릴 뿐이다.

"나는 다정스럽게, 거의 애정을 기울여, 나는 원래 진정으로 무엇을 뉘우쳐본 적이 없다고 그에게 설명해 주고 싶었다. 나는 언제나 앞으로 일어날 일, 오늘 일 또는 내일 일에 정신이 팔렸었던 것이다."

그는 감옥에서 어머니를 생각했다. '사람이 전적으로 불행하기만 할 수는 없는 법'이라고 말했던 어머니를. 생애가 끝나갈 때가 되어서야 마침내 해방되어 다시 살아볼 마음이 생겼던 어머니의 마음을 처음으로 이해하게 된다. 그는 애써 불행에서 벗어나기 위해 생각을 붙들지 않으려 한다. 부조리한 삶 속에서 중요한 것은 아무것도 없다는 것을 외치고 또 외친다.

우리는 살면서 불행에서 벗어나려고 발버둥 칠수록 더 깊은 불행 속으로 들어가기도 한다. 생각을 그 안에 가두었기 때문이 아닐까. 끝이 보이는 순간에서야 갇혀 있던 생각에서 벗어난다는 건 슬픈 일이다. 우리의 삶이 이토록 허무한 것일까.

타인에게 무관심한 세계에서 죽는 순간까지 거짓을 말하지 않는 주인공 뫼르소를 통해 우리 삶에서 중요한 것은 거짓된 피로를 만들어내는 것이 아니라 스스로 진실한 삶을 살아가는 태도가 아닐까 하는 생각을 해본다. 그리고 자신의 감정을 스스로 선택할 권리가 있다는 것도.

당장은 힘들지만 후회가 남지 않을
것을, 죽기 전에 떠올렸을 때 고통
도 기쁨이 될 수 있기를 바라는 마
음으로 선택한다면 후회가 없을 것
같다. 지금까지 후회가 많았다면
그래도 상관없다. 우리에겐 다가올
내일 있으니까. 지금 당장 선택하
면 되는 것이다. 후회하지 않을 선
택을 말이다.

세
번
째

쓴다는 건 나를 발견하는 일이다

언제 어디서라도 누구나
글을 쓸 수 있다

중학교 시절 매일 일기를 썼다. 현실에 불만이 많아서다. 내면에서부터 끌어 오르는 화를 매일 일기를 쓰며 해소했다. 당시 나는 공부를 썩 잘했고 더 잘하고 싶다는 욕망이 강했던 때였다. 어쩌면 둘째로서 주목받고 싶었던 마음을 공부를 통해 보상받고 싶었는지도 모른다. '공부하라'는 말을 하지 않아 공부가 더 하고 싶었던 때였다.

가족과 친구와의 관계 속에서 불편한 감정들은 글을 쓰면서 충분히 해소가 되었다. 적어도 내 마음이 어떤지 주목할 수 있었다. 작은 집에서 많은 식구들이 부대끼며 살았지만 일기를 쓰는 순간은 혼자라고 생각할 만큼 나만의 세상에 머물고 있다고 느꼈다. 그렇게 나는 매일 혼자만의 세상으로 들어갔다.

타니아 슐리의 《글쓰는 여자의 공간》은 다양한 공간과 환경에서 글을 썼던 35명의 여성 작가들에 관한 이야기를 담았다. 조앤 K. 롤링은 집에 글을 쓸 장소가 없어서 공공장소에서 글을 썼고, 노벨문학상 수상자였던 토니 모리슨은 부엌 식탁에서 썼으며, 중국 작가 장지에는 화장실 변기 위에 널판때기를 올려놓고 장편 소설을 썼다. 제인 오스틴은 식탁에 홀로 앉아 소설을 썼으며 여자로서 소설을 쓴다는 것이 여의치 않은 시대였기에 익명으로 작품을 발표했다. 작품이 출간되고 200년이 지나서 명성을 얻었다.

엘프리데 예리네크는 본인의 책상에서만 글을 썼던 작가다. 딸을 음악 신동으로 키우려는 어머니의 지나친 욕심은 그녀를 외롭게 만들었고 결국 정신불안 상태로 몰고 갔다. 아이들과 어울리지 못하고 음악 연습을 해야 했던 그녀의 어린 시절 이야기를 자전 소설 《피아노 치는 여자》에 담았다. 그녀는 이 책으로 노벨문학상을 받았다. 그녀의 불안 증세는 나날이 심해져 학업을 관두고 글쓰기에 더욱 몰입하도록 만들었다. 그녀는 "삶을 살아갈 수 없는 사람은 글을 써야 한다."고 말한다. 500여 권에 달하는 책을 썼던 아이작 아시모프는 작업실의 4개 벽면마다 테이블과 타자기를 올려놓고 방안을 돌아다니며 글을 썼다.

"아이들이 어려서 글을 쓸 시간이 없다고 말하는 사람들이 있어요. 하지만 저는 그런 사람들과는 정반대입니다. 전 아이들이 태어나기 전에는 글을 전혀 쓰지 않았어요."

혹인 여성으로서는 최초로 노벨문학상을 받은 토니 모리슨의 말이다. 그녀는 작가에게 언제, 어떤 조건에서 가장 창의적인 글쓰기를 할 수 있는지 정확히 아는 게 중요하다고 강조했다.

나는 아이가 태어나고 5년이 지나서야 책을 쓰기 시작했다. 갓난아기였을 땐 늘 거실에서 생활했기 때문에 책장과 책상에는 먼지가 뿌옇게 가라앉아도 청소조차 제대로 하지 못했다. 나를 꼼짝달싹하지 못하게 만들었던 아들은 12살이 되었고 이제는 시간 대부분을 책상에서 보낸다. 책상에 앉아있는 자세가 가장 편하다. 손을 뻗으면 닿는 곳에 내가 좋아하는 책들을 두었다. 다양한 세상에서 다양한 눈으로 세상을 써내려가는 수많은 작가들과 늘 한 공간에서 숨을 쉬며 살아간다. 혼자지만 혼자가 아닌 것 같은 그런 느낌으로 말이다.

글을 쓰기 위해 서재를 꾸미고 좋은 책상을 마련하고 보기 좋게 책들을 나열하느라 정작 글을 쓸 시간이 없는 사람들이 있다. 간혹 어떤 이는 나의 서재가 궁금하다며 자신도 그렇게 꾸미려고 하니 사진을 찍어 보내달라고 하는 사람도 있다. 글을 쓰기 위한 공간은 누군가에게 보여주기 위한 공간이 아니라, 내 안에 들어가기 위한 최적의 공간이어야 한다. 그 누구의 방해도 받지 않고 내가 애정을 가지고 자발적으로 침묵을 위해 기꺼이 들어갈 수 있는 그런 공간 말이다.

햇볕이 잘 들고 경치가 좋은 공간에서 글을 쓰면 행복해져서 더 잘 써질 거로 생각하지만 실제로 그렇지 않다. 경치가 좋은 공간, 우리의 눈을 사로잡을 무언가가 있는 공간은 글쓰기에 적합한 공간이 아니다. 글을 쓰고 있는 그 순간에 몰입할 수 있도록 시선을 빼앗겨서는 안 되기 때문이다. 철저하게 내 안에 들어갈 수 있는 공간으로 가야 한다. 뛰쳐나가고 싶을 만큼 좋은 경관 따위는 의미가 없다.

나는 행복할 때 글을 쓰지만 불행할 때도 글을 쓴다. 글은 내 마음의 강력한 치유제다. 슬픈 마음을 바닥까지 내리치게 하여 그 존재를 없애버리기도 하고 행복한 순간을 내 마음 깊숙이 기억하도록 각인시키기도 한다. 나를 치유하고 타인을 감싸 안을 수 있게 해주는 것이 바로 글이다.

얼마 전 나의 오랜 독자 한 명이 전화를 했다. 그녀는 자신의 스토리로 책을 쓰고 있는데 쓰기 시작한 지 1년이 다 되어가도록 집중하지 못하고 있어 걱정이라는 말을 했다. 집안의 소소한 일들을 해결하느라 자신의 일에 도무지 집중하지 못한다고 하소연했다. 책을 꼭 마무리하고 싶은데 어떻게 해야 할지 모르겠다고 말하는 그녀에게 '얼마만큼 간절한지'에 대해서 물었다. 지금의 삶에서 글을 쓰는 인생의 비중을 그녀는 크게 생각하고 있지 않았다.

주위를 둘러싼 분주함, 챙겨야 하는 사람들, 자신을 방해하는 건강상의 이유들에 대한 것에 모든 신경을 빼앗기고 그 틈에서 자신의 시간을 만들어내기 위한 노력은 없었다. 나는 가족들이 모두 잠든 시간에 일어나 자신에게 집중해보라고 조언했다. '왜 글을 써야 하는지'에 대해서도 명확한 이유를 만들어내기를 바랐다. 하루에 단 한 줄이라도 썼다면 그런 걱정은 하지 않았을 것이다.

우리를 행동하게 하는 것은 명확한 목표의식이다. 그 어떤 것도 더 큰 열정을 불러일으키지 못한다. 이런저런 고민에 빠져있다는 것은 글을 쓰고 싶지 않다는 증거다. 글에 집중하기 위해서는 다양한 시간, 다양한 환경에서 글을 써보고 가장 집중이 잘 되고 즐겁게 쓸 수 있는 시간과 장소를 선택해야 한다. 반드시 집이어야 할 필요는 없다. 집이 모든 사람들에게 편안한 공간은 아니기 때문이다. 그럴듯한 공간이 아니어도 상관없다. 집중해서 내 안으로 들어갈 수 있는 또 다른 일상을 만들어내야만 하고 이전보다 더 긍정적인 마인드를 유지해야 한다.

글을 쓰기 위한 목적이 아니어도 혼자 생각할 시간을 가지기 위해 자신만의 공간을 만들어보면 좋다. 복잡한 일상에 치여 정신없이 보내는 사람들은 혼자만을 위한 시간을 단 30분도 확보하지 못한다. 생각할 시간도 책에 집중할 시간도 글을 쓸 시간도 없는 것이다. 바쁜 일상에서도 잠시 멈추고 나의 삶을 돌아봐야 한다. 혼자만의 공간에서 말이다.

여섯 번째 책을 쓰기까지 다양한 시행착오를 거쳤다. 처음에는 가족들이 잠을 자는 한밤중에 책을 썼고 밤을 꼬박 새기도 했다. 아침잠이 많아 새벽에 일찍 일어나는 것이 쉽지 않았기 때문이다. 밤을 새는 날들이 지속되자 몸의 피로가 누적되고 한 군데씩 고장이 나기 시작했다. 그 후로 어쩔 수 없이 새벽 일찍 일어나 쓰기 시작했다. 하루 이틀 습관이 되면서 오히려 집중이 잘 되고 시간을 훨씬 효율적으로 사용할 수 있었다. 낮에는 주로 카페에 가서 썼다. 여러 군데 다니면서 가장 집중이 잘 되는 카페를 찾아 매일 한 곳에서 글을 썼다.

글을 쓸 때는 시간을 정해놓고 반드시 해야 할 일을 하기 전에 써보는 것도 도움이 된다. 정해진 시간이 없으면 몸이 늘어지고 미루고 싶다는 마음이 들기 때문이다. 중요한 것은 마감 시간이 다가오면 어디에서나 잘 써진다는 점이다. 글을 쓰는 것도, 나를 변화시키는 것도 모두 쉽지 않다. 혼자 있는 시간 속에서 우리는 생각보다 많은 결과물을 만들어낼 수 있다. 글을 통해 자신을 변화시킬 수 있다고 믿는다. 그러니 어렵더라도 도전해볼 만하고 일상에서 노력을 기울일 충분한 가치가 있다.

글을 쓰기 위한 목적이 아니어도 혼자 생각할 시간을 가지기 위해 자신만의 공간을 만들어보면 좋다. 바쁜 일상에서도 잠시 멈추고 나의 삶을 돌아봐야 한다. 혼자만의 공간에서 말이다.

002

당연시 여겼던 일상도 글로 써보면 당연하지 않음을 깨닫게 된다

아침에 라디오를 틀어놓고 집안일을 한다. 다양한 사연에 귀 기울이다 보면 웃음이 절로 난다. 아이 때문에 화가 나다가도 아이가 던진 재미난 말에 웃음이 났다는 이야기, 사람들 사이에서 재미있고 행복했던 순간을 사연으로 보내는 사람들이 많다. 상사 때문에, 시어머니 때문에, 자식 때문에 힘들다고 하소연하는 사연도 많다. 글로써 좋은 일은 공유하고 좋지 않은 일은 떨쳐내고 싶은 욕구가 우리 안에 있다는 것을 확인한다.

나는 산책을 자주 한다. 한 곳에 가만히 앉아 계속 글을 쓰다 보면 어느 순간 머리가 무거워 집중이 어려운 순간이 온다. 그때는 하던 것을 중단하고 밖으로 나간다. 머리가 맑아질 때까지 걷고 또 걷는다. 벤치에 앉아 책을 읽기도 한다. 걷다가 생각나는 것이 있으면 잊어버리기 전에 휴대폰 메모장에 저장한다. 움직이면서 좋은 아이디어가 많이 떠오르곤 한다.

살아오면서 다양한 교육을 받고 수많은 경험을 했지만 가장 의미 있는 일은 단연코 '책을 쓴 일'이라고 자신 있게 말할 수 있다. 흩어지는 많은 생각들을 곳곳에 메모한 흔적들이 있지만, 책을 쓰지 않았다면 순간순간의 좋은 기억들을 한 곳에 모을 생각조차 하지 않았을 것이다.

책을 쓰면서 지나온 시간의 소중함을 깨달았다. 사소한 일상이 결코 사소하지 않았음을 알았고 모든 순간이 점으로 연결되어 지금의 내 모습을 이루었다는 것을 알겠다.

누군가는 죽기 전에 자서전을 남기는 것이 꿈이라고 한다. 글쓰기를 싫어하는 사람도 죽기 전에는 자신의 흔적을 남기고 싶어 한다. 한 권의 책에 한 사람의 인생을 전부 담기는 어렵다. 위대한 사람들의 자서전일지라도 그의 삶에 대한 모든 이야기를 담을 수 없다. 매순간마다 얻는 생각이 있고 배움이 있고 깨달음이 있다. 글로 쓰지 않으면 기억 속에 머물지 못한 채 사라져버릴 수많은 경험을 매일 하며 살아간다. 그런 면에서 내가 쓰는 책들은 자서전의 한 부분인 것이다.

글쓰기라고 하면 거창한 목표를 위해 습작하는 사람을 떠올릴지도 모른다. 작가를 꿈꾸지 않더라도 누구나 자신의 글을 쓸 수 있다. 어릴 때 매일 일기를 썼고 사랑하는 사람에게 편지를 쓴 기억도 있을 것이다. 시험을 위해 글을 썼고 아무 생각이나 끄적거리며 메모하던 기억도 있다. 우리는 글과 떨어져 살지 않았다. 가끔 공공 화장실 벽에 써놓은 메모들을 보며 혼자 웃기도 한다. 일상에서 메모를 자주 하는 사람은 글쓰기에 가까이 접근한 사람이다. 일상을 기록하는 연습을 통해 글과 친해진다면 그 이상도 도전해볼 수 있다.

갑자기 소설이나 시 쓰기에 도전하는 것은 어렵지만 에세이, 블로그에 글쓰기, 감상문 쓰기, 일기 쓰기 등은 어렵지 않다. 학생들이 크고 작은 글짓기 대회에 참여해서 자기 생각을 표현하는 것, 읽고 싶은 책을 읽고 간단하게 독후감을 쓰는 것, 학교에서 쓰는 반성문도 글쓰기 훈련에 도움이 된다. 초등학생인 아들은 매일 독후감을 쓰면서 글쓰기 실력이 좋아졌다. 글쓰기는 누군가에게 배워서 습득하는 것이 아니라 스스로 실패하면서 배운다는 것을 깨닫게 된다. 목적 있는 글쓰기만이 의미가 있는 것은 아니다.

좋은 순간을 글로 붙잡아두면 기억을 오래 간직할 수 있다. 가끔은 좋지 않았던 순간들도 시간이 지나면 좋은 추억으로 기억되는 경우가 있다. 우리는 자신이 원하는 모습으로 과거를 기억한다. 이 순간의 기쁨과 슬픔은 그것 이상의 의미를 담을 때가 많으니 일희일비하지 말아야겠다는 생각을 한다.

가수 윤종신은 오랜 방송생활을 중단하고 1년간 한국을 떠나겠다고 선언했다. 30년 동안 노래를 해오면서 느낀 수많은 감정의 실체를 알고 싶어서라고 한다. 새로운 것을 경험하고 느끼며 창작 활동에 집중하겠다고 했다. 인생에서 다시 한 번 좋은 순간을 만나 행복한 마음으로 노래를 쓰고 싶은 바람이 아닐까.

김훈의《연필로 쓰기》를 읽어본다. 사회문제에 대해 함께 분노하다가도 일상에서 스쳐지나갈 수 있는 순간, 하찮고 사소한 것에 깃든 삶의 즐거움을 담아 읽는 내내 웃음이 났다. 그는 지금까지 연필로 원고를 쓰는 몇 안 되는 작가들 중 한 명이다. 그의 글을 읽다보면 평범한 사람들의 삶을 엿볼 수 있다. 그 속에서 작은 의미를 찾게 된다. 그는 일상의 모든 순간이 글이 될 수 있음을 말해준다.

　"나는 말하기보다는 듣는 자가 되고, 읽는 자가 아니라 들여다보는 자가 되려 한다. 나는 읽은 책을 끌어다대며 중언부언하는 자들을 멀리하려 한다. 나는 글자보다는 사람과 사물을 들여다보고, 가까운 것들을 가까이하려 한다. 시간이 얼마 남지 않아야, 보던 것이 겨우 보인다."

　작가로서가 아니라 나보다 긴 세월을 살아온 한 명의 어른이 내게 주는 조언 같았다. 내 삶만 들여다보지 말고 옆에 있는 사람, 같은 시대를 살아가고 있는 사람들의 모습을 들여다보라고, 그들의 삶에서 많이 배우라고. 한 생애를 늙히는 일은 쉽지 않다고 말해준다.

　나는 어릴 때부터 편지 쓰기를 즐겼다. 친구에게 고마울 때, 싸웠을 때도 편지를 썼다. 말은 가끔 오해를 사기도 해서 관계를 더 나빠지게 만들었다. 그럴 때마다 글로써 진심을 전하고 먼저 손을 내밀었다. 스승의 날이면 선생님께도 정성껏 편지를 썼다. 국군의 날에는 군인 아저씨한테도 편지를 참 열심히 썼다. 중학교 때 학교에 계셨던 수녀님 덕분이다. 군인 아저씨가 입대했을 때부터 제대할 때까지 편지를 주고받았다. 학교생활의 즐거움과 고민에 관해 썼다. 군인아저씨를 위해 쓴 편지는 오히려 내게 힘이 됐다. 지금 생각해보니 그때 편지를 주고받았던 군인 아저씨는 글 솜씨가 좋았고 글씨도 참 멋졌다. 지금은 어떻게 살고 계실까 궁금하다.

글쓰기를 좋아했던 나는 삼 남매 중 유일하게 아버지를 닮았다. 감성적인 성격도 아버지의 영향을 많이 받았다. 아버지는 살아계실 때, 경제적인 능력은 부족했지만 낭만적인 분이었다. 어머니가 마흔이 되던 해 아버지가 어머니에게 쓴 편지가 기억난다. 아버지는 편지로 시집와서 고된 시집살이만 하고 살아온 어머니에게 미안한 마음을 표현하셨다. 어머니는 별 감흥이 없었지만 나는 편지를 읽고 눈물을 펑펑 쏟았다. 내색은 하지 않았지만 아버지의 편지는 어머니가 힘든 결혼 생활을 견딜 수 있었던 이유 중 하나가 아니었을까.

얼굴을 보고 사랑한다는 말을 아무렇지 않게 할 수 있는 사람은 많지 않다. 편지는 차마 할 수 없는 말을 할 용기를 준다. 서울에 올라와 외로운 직장 생활을 할 때, 처음으로 부모님에게 편지로 사랑한다는 말을 했다. 어릴 때부터 나와 싸우는 게 일이었던 남동생은 군대에 가더니 편지로 내게 고맙다는 말을 전했다. 힘든 교육을 마치고 하숙집에서 혼자 편지를 읽으며 감동했던 기억은 지금까지 사라지지 않는다. 지금도 가끔 마음을 전하고 싶은 사람들에게 손 글씨로 꾹꾹 눌러 편지를 쓴다.

매일 같은 일상을 살아가는 사람들이 대부분이다. 당연시 여겼던 일상을 글로 써보면 당연한 것은 없다는 것을 알게 된다. 봄이 되면 피어나는 꽃 한 송이도 당연하지 않다. 글을 쓰면 일상을 섬세하게 관찰하는 습관이 생긴다. 사람들을 만나서 대화를 나눠도 더 집중하게 된다. 글을 쓰는 것은 세상과 소통하기 위한 준비 과정이다. 얼굴을 알지 못하는 사람과 친밀한 관계를 만들어갈 수 있는 수단이 되기도 한다.

예전에는 종일 카페에 앉아서 글을 써도 괜찮았지만 지금은 조금 힘들다. 몇 시간 쓰다가 좀 걷다가 장소를 옮겨서 쓰기도 한다. 글을 오래 쓴다는 것은 모든 정신을 쏟는 과정이고 엄청난 에너지가 소모되는 일이다. 좋은 순간이 와도 눈으로만 담아야 하는 날이 올지도 모른다. 아니, 눈으로도 담을 수 없는 날이 올지도 모르겠다. 볼 수 있을 때 많이 보고 쓸 수 있을 때 마음껏 써야겠다는 생각이 든다. 지금 이 순간은 다시 돌아오지 않는다. 글을 쓸 수 있다면 더 늦기 전에 시작하길 바란다.

003

감정의 파편들은 적으면서
점점 작아진다

하루는 누군가로 인해 마음이 복잡했다. 나를 잘 안다고 생각했던 사람이 나의 마음을 전혀 모르고 있다고 느낄 때 우리는 외로움과 절망감에 빠진다. 좋지 않은 마음을 해소하기 위해 택한 방법은 휴대폰 메모장에 나의 감정을 나열해보는 것이었다. 당장 눈앞에 종이가 없을 때 자주 사용하는 방법이다. 머릿속에 있는 복잡한 감정들을 문장으로 나열해본다. 내가 그 사람에게 서운한 것은 무엇인지, 바라는 것은 무엇인지 정리하면서 버려야 할 감정은 무엇인지 자연스럽게 깨닫게 된다. 짧은 시간동안 마음은 생각보다 많이 정리되고 자신을 위로할 수 있게 된다.

"타인이 무슨 일을 하고 있는지 생각하느라 남은 삶을 낭비하지 마라."

황제 마르쿠스 아우렐리우스의 명언이다. 일상에서 우리를 괴롭히는 감정 중 가장 큰 것은 아마 타인에 대한 시기와 질투일 것이다. 그런 감정 자체는 나쁘지 않다. 누구나 가질 수 있는 감정이지만 그런 감정에 휩쓸리는 사람과 그렇지 않은 사람으로 나뉠 뿐이다. 자신에게 필요한 것이 무엇인지 고민할 수 있게 해주는 것이 바로 글쓰기다.

철학자이기도 한 진은영 시인은 6년째 문학 상담을 하고 있다. 누구나 글쓰기를 통해 상처를 치유할 수 있다고 말한다. 한 언론과의 인터뷰에서 글쓰기의 효과에 대해 말했다.

"문학상담에서는 읽기도 중요하지만 가장 중요한 활동은 쓰기다. 일정한 주제에 관한 자신의 이야기를 쓰도록 하는데, 쓰기는 말하기보다 고통으로부터의 해방을 더 용이하게 한다. 사람은 무엇에 대해 말할 때보다 쓸 때 그 내용이 자신과 더 분리되었다고 느낀다. 더구나 글로 쓴 건 더 잘 잊기 마련이다. 필요하면 노트를 다시 펼치면 되기 때문이다."

또 프랑스의 철학자 롤랑 바르트가 "프로페셔널 예술가보다 아마추어 예술가가 더 대접받는 사회가 되기를 열렬히 희망한다."라고 말했던 것처럼 누구나 글을 쓸 수 있고 모두가 다 탁월해야 할 필요가 없다고 조언한다. 누구나 읽는 책을 읽어야 한다는 강박증이 쓰는 사람에 대해 제한하는 마음을 가지게 하고 '나도 쓸 수 있다.'는 자신감을 앗아가는 것이 아닐까.

글을 쓰고자 하는 사람에게는 상처와 마주 보는 용기가 필요하다. 내면 깊은 곳에서 웅크리고 정신을 갉아먹는 상처를 바깥으로 꺼내야 한다. 글을 통해 자신을 드러내면서 마음의 상처를 자연스럽게 치유할 수 있다. 상처와 마주하고 진심을 담은 글이 기교가 뛰어난 글보다 큰 감동을 준다. 우리는 글쓰기로 '회복탄력성'을 높일 수 있다. 고통 속에 숨겨진 의미를 찾아 마음의 힘을 키울 수 있기 때문이다. 《회복탄력성》의 저자 김주환은 책에서 회복탄력성의 비밀에 대해 말한다.

"회복탄력성은 자신에게 닥치는 온갖 역경과 어려움을 오히려 도약의 발판으로 삼는 힘이다. 성공은 어려움이나 실패가 없는 상태가 아니라 역경과 시련을 극복해낸 상태를 말한다. 떨어져 본 사람만이 어디로 올라가야 하는지 그 방향을 알고, 추락해본 사람만이 다시 튀어 올라가야 할 필요성을 절감하듯이, 바닥을 쳐본 사람만이 더욱 높게 날아오를 힘을 갖게 된다. 이것이 바로 회복탄력성의 비밀이다."

깨지기 쉬운 유리 상자처럼 키워진 아이들은 회복탄력성이 낮다. 어릴 때일수록 책을 많이 읽고 생각하는 훈련을 한다면, 스스로 생각을 풀어내는 글쓰기 연습을 한다면 회복탄력성을 자연스럽게 높일 수 있다. 부모가 아이에게 줄 수 있는 최고의 선물은 스스로 생각하고 결정하는 힘을 키워주는 것이다. 아이들은 스스로 단단해질 힘을 가지고 있지만 그 힘을 약하게 만드는 사람은 바로 부모. 시키는 대로 공부하며 살아온 아이들은 정작 어른이 되었을 때 무엇을 해야 할지 모른다. 인생에서 가장 중요한 결정을 해야 할 시기에 부모에게 의존하게 되고 늘 답을 주던 부모는 입을 다문다.

책을 읽고 글을 쓰면서 회복탄력성을 높인다. 어찌할 수 없는 상황을 만나게 되면 당시에는 고통스럽지만 그 고통이 오래가지는 않는다. 불행도 나를 찾아온 이유가 있다는 것을 알기 때문이다. 글을 쓰기 시작하면서 내 생활은 많이 바뀌었다. 사람들을 만나 수다를 떨면서 일상의 불평불만을 해소할 수 있었던 나는 어느 순간 누군가와 수다를 떨지 않아도 자연스럽게 해소가 되는 것을 느꼈다. 내 생각과 삶에 대한 불만, 사회에 대한 불편한 마음을 글로써 해소할 수 있었기 때문이다.

일기 쓰기는 매일 조금씩 실력을 키울 수 있는 글쓰기 방법이다. 초등학교 시절 글을 잘 쓰든 못 쓰든 모두가 일기를 썼다. 어떤 날은 쓸 말이 없어서 지어내기도 하고 칭찬받기 위해서 잘한 것만 쓰기도 한다. 생각이 많아지는 날에는 다른 날보다 길게 쓰기도 하고 쓰다 보면 기분이 풀리는 경험을 누구나 해봤을 거다. 글은 남녀노소 누구에게나 치유의 효과가 있다. 하루를 돌아보면서 기분이 나쁘면 나쁜 대로 좋으면 좋은 대로 그냥 스쳐 지나갈 일을 다시 한 번 깊이 생각하게 해준다. 이렇듯 일기는 사고의 깊이를 더해주는 글쓰기다.

일기를 쓰기 시작하면 일상의 모든 것들이 글의 소재가 된다. 누군가를 만나거나 어떤 사물을 대할 때 허투루 보지 않는다. 모든 것에서 쓸거리를 찾게 된다. 하지만 강제성 없이 꾸준히 쓰기는 힘들다. 글을 잘 쓰고 싶다는 막연한 생각을 하는 사람과 목표의식을 가진 사람의 차이는 실천의 여부를 결정할 것이다.

오래전에 썼던 일기를 보면 그때의 감정이 이해되지 않는 경우가 많다. 절망적인 심정으로 썼던 일기지만 지금 읽어보면 웃음이 난다. 불행은 불행만을 주지 않는다. 행복으로 가는 길을 알려주기도 한다. 누군가가 말해주지 않아도 경험이 우리에게 가르쳐준다. 우리는 배울 줄 아는 사람이 되기 위해 책을 읽어야 하고 다양한 경험을 기꺼이 해야 한다.

나는 오래전부터 매일 밤 감사 일기를 쓴다. 하루를 돌아보면서 잘못한 일을 반성하고 그 안에서 어떤 깨달음을 얻었는지 생각해본다. 하루 중 감사한 일은 어떤 것이었는지를 떠올려본다. 건강하게 하루를 보낸 것, 누군가가 안부를 물어준 것, 책에서 좋은 글귀를 읽은 것, 아들이 아프지 않은 것, 날씨가 좋은 것 등 사소한 일에서 감사함을 찾아낸다. 감사 일기를 쓰다 보면 좋지 않은 일에도 감사해 하게 된다. 자연스럽게 반성할 일보다 감사할 일이 더 많아진다.

일상에서 '화가 많은 사람이 있다면 매일 밤 잠들기 전에 감사 일기를 써보라고 말하고 싶다. 우리는 기분이 나쁜 날은 나쁜 감정으로 잠이 든다. 숙면을 취하기 힘들고 다음 날까지 좋지 않은 감정이 이어진다. 그날의 감정은 다음 날로 가져오지 않는 습관이 필요하다. 감사 일기를 100일 정도 쓰다보면 긍정적인 마음으로 잠드는 것이 습관이 되어 화가 난 날에도 편안하게 잠들 수 있다.

정유정 작가는 30대 중반이 되어서 글을 쓰기 시작했다. 어린 시절부터 뜻대로 살 수 없었던 억압된 가정환경이 오히려 글을 쓰는 강력한 원동력이 됐다. 하고 싶은 것을 할 수 없었기에 소설가로서 글을 쓰고 싶다는 의지와 욕망이 더 강해졌다. 다양한 주제와 방식을 마음껏 실험하면서 자신만의 글쓰기 스타일을 구축할 수 있었다고 한다.

삶에 대한 불만과 고통이 글쓰기로 이끈 작가들이 많다. 글은 분명히 치유와 성장의 기능이 있음을 말해준다. 나는 책을 쓰면서 부정적인 감정과의 싸움에서 승리할 수 있었다. '나'라는 한 인간에게 집중해서 진짜 나를 제대로 바라보기 위한 시간을 가질 수 있었고 결과보다 과정에서 더 많은 것을 얻을 수 있다는 깨달음을 얻었다. '성공'이 가지는 참 의미에 대해서, 타인의 삶에 긍정적인 영향을 준다는 것에 대해서 많은 생각을 하게 되었다. 읽지 않고서 쓸 수 없으며 잘 살아내지 않고서 좋은 글도 나올 수 없다는 진리를 발견했다.

글쓰기로 생계를 이어갈 필요가 없는 사람이라면 글에 대한 부담감 없이 일상에서 즐겁게 글을 쓸 수 있을 것이다. 스트레스를 해소할 수 있는 통로가 생각보다 다양하지 않은 현실이다. 일평생 타인을 의식하며 살아가는 삶에 지치고 누군가에게 위로를 받기도 주기도 힘든 세상이다. 내가 원하는 장소에서 원하는 시간에 누군가의 방해를 받지 않고 할 수 있는 '글쓰기'야말로 남에게 빚을 지지 않고 나를 위로할 수 있는 최고의 선택이 아닐까.

004

쓰다 보면 만나게 되는
나도 몰랐던 나

요즘 SNS로 사람들과 소통을 하다가 친해진 사람들이 몇 있다. 그 중
한 명을 잠시 만났다. 운영하는 유튜브 채널에서 방송하는 내 모습도
봤지만 실제로 만난 나는 다른 사람 같다고 했다. 대화하는 중간 중간
방송할 때는 쓰지 않았던 부산 사투리를 자연스럽게 쓰고 있었기 때문
이다. 오히려 친근하게 느껴져 편하다는 말을 했다. 혼자서 방송촬영을
하다 보니 만나서 이야기하는 것만큼 친근한 내 모습을 보여주지 못했
다는 것을 알게 되었다.

　사람은 혼자 있을 때 자신이 어떤 사람인지 잘 알지 못한다. 누군가
와 함께할 때 알지 못했던 자신의 모습을 보곤 한다. 나는 혼자 있으면
진지하고 사람들과 함께 있으면 재밌는 사람이다. 상대방을 웃게 해주

는 능력도 있는 것 같다. 강연을 할 때도 청중이 누구냐에 따라 나도 몰랐던 다양한 모습이 나오기도 한다.

글도 마찬가지다. 혼자서 쓰는 글과 독자를 염두에 두고 쓰는 글을 다르다. 신중함도 다르고 마음 에너지도 다르다. 요즘은 SNS에서 사람들과 소통하는 데 많은 시간을 투자하는 이들이 많다. 서로의 일상을 들여다보고 글을 남기며 얼굴은 본 적 없지만 끈끈한 유대감을 형성하는 것이다. 하지만 이렇게 유익한 부분만 있는 것도 아니다. 어느 순간 소통하는 사람 그리고 그들과 연결되어 있는 사람들이라는 한계에 갇히기 쉽다.

때로는 자신과 맞지 않는 사람들과 보이지 않는 벽을 만들기도 한다. 생각이 다르거나 좋지 않은 글을 남기는 사람을 발견했을 때의 반응도 다양하다. 그저 무시하는 사람, 삭제하거나 차단하는 사람, 답을 해주는 사람 등 다양한 태도를 엿볼 수 있다. 상대방이 나를 화나게 하는 말을 하거나 행동을 취할 때 나의 반응을 통해서 어떤 성향의 사람인지 스스로 알 수 있는 기회를 준다.

나 역시 메일, SNS를 통해 독자들로부터 다양한 피드백을 받는다. 부정적인 글에도 정성껏 답을 해주는 편이다. 오해가 있다면 풀어주고 내가 의도했던 정확한 뜻을 전한다. 나와 다른 사람일지라도 무시해서는 안 되며, 나에게 질문을 던져오면 답을 해줄 의무를 가진다는 개인적인 생각을 가지고 있다.

나 역시 책을 읽다보면 작가를 한 번 만나고 싶고 많은 질문을 하고 싶다고 느낄 때가 많다. 막상 그렇게 시간을 내어 연락을 취하기 위해 노력해본 적은 없다. 그러니 나에게 말을 거는 독자들은 내게 얼마나 소중한 사람들인지를 늘 생각한다. 내가 쏟았던 수많은 시간의 가치를 알아봐 준 사람, '나'라는 사람을 궁금해하는 사람들이 고맙다.

내가 독자층을 정하고 글을 쓰더라도 읽는 사람은 늘 불특정 다수라는 것을 안다. 생각지도 못했던 독자층이 생기기도 하듯이. 독자는 작가를 선택할 수 있지만 작가는 독자를 선택할 수 없다. 자기 생각을 전달하되 독단적이어서는 안 된다고 느낀다. 우리는 일상의 많은 곳에서 글쓰기와 무관하지 않은 삶을 살아가고 있다. 한 줄의 글에도 그 사람의 인격이 드러나고 삶이 나타난다. 그러니 짧은 글일지라도 함부로 흘리지 말아야 할 것이다. 마사 킨더는 이런 말을 했다.

"남들이 당신을 설명하도록 내버려두지 마라. 당신이 무엇을 좋아하고 싫어하는지 또 무엇을 할 수 있고 할 수 없는지를 남들이 말하게 하지 마라."

우리는 타인이 나를 아는 것보다 나 자신이 나를 더 잘 안다고 말할 수 있을까. 무엇이 맞고 무엇이 틀린지, 나의 진짜 모습은 무엇인지, 나는 나를 얼마나 잘못 설명하며 살아왔는지를 생각해봐야 하지 않을까. 최옥정 작가는 《2라운드 인생을 위한 글쓰기 수업》에서 글을 써야 하는 이유에 대해 말한다.

"내가 어쩌다가 지금의 내가 되었는지 궁금한 사람은 글을 써야 한다. 내가 가장 사랑하는, 혹은 가장 미워하는 사람이 어쩌다가 지금의 그 사람이 되었는지 알고 싶은 사람도 글을 써야 한다. 내가 쓴 글이 내가 갈 길을 알려준다."

인생에서 2라운드를 시작할 때 일방향의 사고를 버려야 새로움을 얻을 수 있다고 강조한다. '새 술은 새 부대에!'라는 말을 금과옥조로 삼아야 할 시기라고 말한다. 새로운 일을 시작할 때, 이전의 것을 아쉽지만 버려야 할 때 이 말을 떠올리며 미련을 버렸던 기억이 난다. 인생 2라운드에서는 이전의 사고를 버리고 편견과 선입견 없이 사람과 사회를 바라볼 줄 알아야 한다. 오래 글을 쓰지 않았지만 한 권의 책을 써낼 때마다 나의 편견들을 하나씩 버린다. 이는 계속 쓰고 싶고, 써야 하는 이유이기도 하다.

사람은 두 부류다. 무언가를 시작할 때 스스로 완벽하다고 느낄 때까지 시작하지 못하는 사람과 스스로 부족하다고 생각하지만 일단 시작해보는 사람이다. 우리는 행동할 때 생각보다 더 많은 것을 발견하고 배울 수 있다. 글쓰기도 예외는 아니다. 글쓰기는 자기 자신을 발견하기 위한 하나의 과정이다. 글을 쓰면 쓸수록 자신의 내면을 더욱 깊이 들여다볼 수 있다. 글을 잘 쓰는 비법은 자신의 글이 부족하다는 확신이 들더라도 계속해서 써나가는 것이다. 자신에 대해 더 잘 알 수 있는 방법 또한 계속해서 글을 쓰는 것이다. 마치 운동을 하는 것과 비슷한 성격을 가진다.

책을 쓰면 쓸수록 이전에 책에 담았던 나의 세상에 대한 관점이 변하고 확장되어 간다. 그때의 생각이 최선이 아니었음을 깨닫게 된다. 이는 곧 내가 그사이에 성장했음을 의미한다. 결코 나는 제자리에 머물러 있지 않았다는 것을 스스로 확인하게 되는 것이다. 책을 쓰면서 나도 몰랐던 나에 대해 알게 되는 놀라움을 경험하고 있다.

그러니 고작 1년에 한 번 서로 안부를 묻는 친구보다 내 책을 읽은 독자가 나를 더 잘 알 수밖에 없다. 나에게 연락해오는 독자들은 나의 삶을 이해하고 자신의 삶 역시 다르지 않다는 말을 했다. 자신의 생각을 내 글에서 발견했을 뿐이다. 그렇게 우리는 얼굴은 모르지만 마음을 나누는 사이가 된다.

잘 쓰기 위해서는 책을 읽지 않으면 안 된다. 독서는 우리 삶에서 아주 중요하며 글쓰기는 조금 더 중요하다고 말하고 싶다. 자신이 글을 잘 쓰고 싶다면 좋은 글을 많이 읽어야 한다. 읽지 않고서 어떻게 더 나은 방식으로 자기 생각을 표현할 수 있을까.

나는 책을 쓰면 쓸수록 더 나아지고 있음을 느낀다. 책을 쓰기 위해 많은 책들을 읽기 때문에 그 책의 수만큼 나의 글쓰기 실력도 향상되리라 믿는다. 독서만큼 중요한 것은 일단 써보겠다는 용기다. 줄넘기를 잘하기 위해서 일단 줄넘기를 손에 쥐어야하는 것처럼 글을 잘 쓰기 위해서는 일단은 그 무엇이라도 써보아야 한다.

"당신은 어떤 사람인가요?"라는 질문에 고민 없이 답할 수 있는 사람이 얼마나 될까. 자신에게 주어진, 요구되는 삶의 모습으로 살아가느라 바쁜 우리는 자신을 재발견할 수 있는 기회 또한 많지 않다.

글을 쓰면 자신이 어떤 사람인지 알게 된다. 글을 쓰기 전까지는 자신을 차가운 사람이라 느꼈던 사람이 글을 쓰면서 자신에게 있는 따뜻한 면을 발견하기도 한다. 터무니없이 자신을 낮게 평가했던 사람이 스스로 점수를 높이는 계기가 되기도 한다.

이처럼 글은 자신의 내면으로 들어가 자신과 대화할 시간을 선물한다. 왜 쉬지 않고 자꾸만 책을 쓰느냐고 묻는 사람들이 있다. 글을 쓰는 욕망과 내 삶에 대한 욕망이 다르지 않다. 계속해서 읽기 때문에, 계속해서 생각하기 때문에 계속해서 쓴다.

글을 통해 쓰고 있던 가면을 벗겨내고
진짜 나와 마주할 수 있다

"글은 아무나 쓰나?"

마음이 힘든 사람들에게 글을 써보라고 하면 가장 먼저 하는 말이다. 글을 쓰기 위해서는 특별한 뭔가가 있어야 한다고 생각한다. 시작할 용기가 나지 않는다. 자리에 앉아 쓰기 시작하면 두려움이 사라지지만 대부분의 사람들은 딱 앉기까지가 힘들다.

자리에 앉아 30분 만이라도 '나에 대해 생각하는 시간'을 가진다면 쓸 거리를 걱정할 일도, 쓰지 못할 핑계를 찾는 일도 사라진다. 의도하지 않았지만 머릿속을 스쳐 지나간 오만 가지 생각 중에서 하나만 고르면 된다. 글은 희한하게 보는 사람이 없는데도 눈치를 주고, 기를 죽인다. 어릴 때부터 글쓰기를 제대로 배우지 않았고 습관이 되지 않았기 때문이다. 생각이 자유롭듯이 글쓰기도 그러해야 한다. 고치고 또 고치면 그만이다.

계속 책을 쓰고 있는 나도 새로운 책을 시작할 때마다 "내가 잘 쓸 수 있을까?"라는 생각을 늘 한다. 하지만 "나도 할 수 있다."는 생각을 조금 더 한다. 긍정의 마음이 가까스로 승리한다. 한 줄 한 줄 쓰다보면 자신에 대한 믿음도 자신감도 커진다. 이미 시작했고 두려웠지만 쓰고 있고 계속 쓸 것이기 때문이다. 쓰기도 전에 두려움에 지지말자.

아들은 매일 독후 감상문과 일기를 쓰고 내게 가져온다. 자랑도 하고 싶고 피드백을 얻고 싶어서다. 잘못된 표현은 알려주고 스스로 다시 한 번 읽으면서 고치도록 한다. 처음에는 알아볼 수 없을 정도로 글씨가 엉망이었는데 요즘은 나보다 손 글씨가 예쁘다. 칭찬을 받기 위해서 열심히 쓰고 더 열심히 하기 위해 칭찬을 받고 싶어 한다.

아이들도 칭찬해주는 사람이 곁에 있으면 글쓰기 실력이 쑥쑥 늘어나듯이 어른도 마찬가지다. 내가 쓴 글을 읽고 칭찬해줄 한 사람만 있어도 즐겁게 쓸 수 있을 것이다. 너무 잘난 사람의 글만 보면서 자신감을 잃어 쓰지 못하는 것보다 실력이 없어도 자신감으로 쭉 해나가는 의지가 필요하다. 누가 뭐라 해도 내 길을 가겠다는 정신으로 말이다. 노력한 만큼 실력을 키울 수 있는 능력이 글쓰기 능력이라고 확신한다. 누가 뭐라 해도!

재능보다 꾸준한 노력이 중요하고, 성실성이 바탕이 되지 않는 자신감은 가짜다. 뛰어난 작가는 타고난다고 하지만 꾸준히 쓰다보면 '나도 위대한 작가가 될 수 있다'는 자신감으로 글을 쓴다. 포기하지 않는 목표의식으로 10년 뒤에도 20년 뒤에도 꾸준히 쓴다면 되지 못할 이유는 없다고 생각한다. 꿈이 이루어지지 않으면 또 어떤가. 꿈을 향해 가는 길이 매우 즐거웠다면 그것으로 충분하다.

일상을 살아가면서 누군가에게 들었거나 우연히 마주하게 되는 단한 줄의 글로도 감동한 경험이 있을 것이다. 드라마를 보다 대사 하나가 마음을 후벼 팔 수도 있다. 그럴 때, 내 마음을 흔드는 글과 말을 기록해보는 것이 좋다. 순간적으로 감동했어도 금세 기억 속에서 사라져버린다. 그런 한 줄의 글들이 모여서 용기를 주고 영감을 주기 때문이다. 한 권의 책도 한 줄의 문장이 시작점이 된다.

글을 쓰는 것에 관심이 있는 사람이라면 일상의 다양한 상황 속에서 글감을 찾아낼 수 있다. 중요한 것은 글을 쓴다는 것에 관심을 두고 있어야 글감이 자꾸만 발견된다는 것이다. 글을 쓰는 사람에게는 좋은 순간도 나쁜 순간도 모두 글감이 된다. 긍정성을 유지할 수 있다는 큰 장점이 있다.

처음에 책을 쓸 때 가족에 대해 쓰는 게 조심스러웠다. '이 글을 보고 싫어하면 어쩌지?' 하는 생각이 들어서다. 지금은 누구에 대해서 쓰든 읽는 사람에게 도움이 될 수 있다면 좋겠다는 마음에 집중해서 쓴다.

나의 허물을, 나의 허점을 책에 쓰기를 두려워하지 않는다. 나의 실수를 통해 깨달음을 얻었듯이 나의 실패를 통해 다른 누군가는 또 용기를 얻을 테니까. 글을 통해 나를 포장하는 것은 얼마나 어리석은 일인지 시간이 갈수록 더 잘 알게 된다. 독자의 관점에서 글을 읽어가는 사람으로서 글을 통해, 책을 통해 어떤 것을 얻게 되었는지를 생각해보니 답이 나왔다.

진심으로 타인을 공감하기 힘든 세상에서, 지독하게 외로운 세상에서 사람이 아닌 책을 선택하는 사람들은 책을 통해 용기를 얻기 위해서다. 타인의 체온을 통해 얻을 수 없는 그 무엇을 책을 통해 찾고 있는 것이다. 내 마음을 알아줄 단 하나의 글귀, 나를 위로해 줄 단 한 줄의 글을 찾아 헤매고 있는지도 모른다. 그러다 어쩌다 운이 좋아 그런 글귀를 만난다면 왈칵하고 뜨거운 눈물이 흐르기도 한다. 글은 이렇게 사람을 공감하고 치유하고 용기를 주며 영감을 주는 고마운 존재라는 것을 깨달아간다.

공감하지 못하는 사람이 공감하는 글을 쓰기는 어렵다. 책을 통해 공감을 얻듯 나를 통해 공감을 얻고 위안을 얻는 사람이 있다는 것이 큰 힘이 된다. 첫 번째 책을 출간했을 때부터 열혈 독자가 된 사람이 있다. 새로운 책을 낼 때마다 기대를 하고 있었고 나에게 칭찬을 아끼지 않았다. "이번 책은 저번 책보다 더 좋아요." 한마디 말은 포기하지 않고 글을 쓸 수 있게 해주었다. '지금 쓰고 있는 책도 그녀에게 도움이 되면 좋겠다.'라는 생각을 한다.

책을 쓰는 일은 내 한계를 넘어서는 일인 것 같다. 다음 책을 쓸 때면 더 많은 책임감이 느껴지고 이전과는 다른 수준의 책을 쓰고 싶다는 욕망이 따른다. 책은 곧 나의 성장을 의미한다. 성장이 없다면 글도 그 선을 넘지 못할 거라는 생각이다. 이런 욕심조차 없다면 계속해서 글을 써나갈 수 있을 거로 생각지 않는다. 고역스러운 일이 될 테니까. 봄에 씨를 뿌려 가을에 어김없이 열매를 맺듯이 책도 내겐 그렇게 정직한 인생의 선물이다. 사람들이 두려워하는 것은 자신에게 실망하고 타인에게 실망을 안겨주는 것이다. 누구나 타인이 나를 인정해줄 때 큰 행복감을 느낀다. 글을 쓴다는 것은 진짜 나와 마주하는 일이기에 큰 용기가 있어야 한다. 내가 불편해하는 진짜 내 마음을 들여다보고 인정해야만 하기 때문이다. 타인이 나를 바라보는 모습이 진짜일 거라고 믿으며 살아왔던 자신을 배신해야 할지도 모른다는 두려움이 생긴다.

우리는 모두가 가면을 쓰고 살아간다. 그 가면이 두꺼우면 두꺼울수록 더욱 외로워질 것이다. 글을 통해 자신이 쓰고 있던 가면을 벗겨내고 진짜 나와 마주할 수 있다. 적어도 그럴 수 있다는 용기를 얻게 된다.

지금은 누구나 책 한 권쯤은 쓸 수 있다는 인식이 강해졌다. 하지만 이런 분위기 속에서도 자신은 그럴 자격이 없다고 생각하는 사람들도 꽤 많다. '특별할 것 없는 자신의 인생을 글로 쓸 자격이 과연 있을까?' 하는 생각을 하기 때문이다. 그리고 대부분의 사람은 자신의 삶이 별볼일 없는 인생이라고 생각하는 듯하다. 특히 나이가 많은 사람일수록 그랬다. '나이가 들어서 자서전 한 권 쓰고 싶다'는 생각보다는 젊을 때 글을 많이 쓰면서 잠깐 멈추고 지나온 삶을 되돌아보는 시간을 가져보는 것이 낫다. 이미 그 시간을 흘려보낸 사람이 아니라면 말이다. 그리고 자신이 좋아하는 분야에 대해 공부하며 책 한 권 써보길 바란다.

나이를 먹을수록 모든 일에 더 조심스러워지고 작은 용기로 할 수 있는 일도 큰 용기가 필요할 때가 많다. 지나온 인생을 돌아보며 잘한 것보다 잘하지 못한 것만 생각나고 의기소침해지기 때문이다. 중요한 것은 나이를 먹는다고 해서 지혜로워지는 것이 아니라 자신의 삶을 돌아보면서 깨닫는 부분들이 지혜를 가져다준다는 사실이다. 나이는 어리지만 노인보다 지혜로운 사람도 있고 살아갈 날이 살아온 날보다 적게 남았지만 자신이 살아온 삶의 기준에서 한 치도 나아가지 못하는 사람도 있다.

죽기 전까지 함께 할 친구 한 사람만 있어도 성공한 인생이라 말한다. 어릴 땐 '그게 뭐 그렇게 어려운 일이라고' 하는 생각을 했다. 지금은 자신이 없다. 내게 그런 친구가 존재할지 말이다. 하지만 두렵지 않다. 함께 한다고 해서 외롭지 않은 것이 아니며 혼자 있다고 해서 외로운 건 아니라는 것을 이제는 알기 때문이다. 이렇게 끊임없이 글을 쓰면서 내 안에 있는 외로움을 달랠 수 있으니까.

나이를 먹을수록 오히려 용기와 열정이 사라지고 의기소침해지는 사람들에게 자신이 살아온 시간을 글로 조금씩 써보라고 말하고 싶다. 내 인생이 생각했던 것보다 더 가치 있다고 스스로 인정하게 될 것이기 때문이다. 글은 현실을 제대로 살아갈 용기를 주고 쓰면 쓸수록 새로움을 느낄 수 있는 무한한 영감을 가져다준다.

006

말로 전할 수 없는 것들을 글로
전할 수 있어 얼마나 감사한가

하루는 카페에서 책을 쓰고 있는데 누군가 내게 다가왔다. 출판사를 운영하는 분이었는데 카페에서 글을 쓰는 내 모습을 자주 보다가 이야기를 나누고 싶었다고 했다. 한 동네에 글을 쓰는 작가가 있어서 반갑다고 했다. 잠깐 우리는 책에 관해 이야기를 나누었다. 책은 이렇게 모르는 사람과도 친근하게 이야기할 수 있는 매개체가 된다.

얼마 전, 책이 출간되고 지인들에게서 연락이 많이 왔다. 자신의 분야에서 열심히 살아가는 사람들이다. 그들은 일하는 것보다 책을 쓰는 게 훨씬 힘들다고 했다. 한 권의 책을 출간하고 다음 책을 쓰기가 쉽지 않다고 하소연했다. 쉬지 않고 계속 책을 쓰는 내게 비결을 묻고 싶었던 것 같다. 하지만 특별한 비결은 알려 주지 못했다. 그저 글을 쓰는 일을 최우선으로 했을 뿐이니까.

사람은 누구나 자신만의 소명을 가지고 태어난다고 믿는다. 나는 글을 쓰는 것이 나의 소명이라 여긴다. 글을 쓸 때, 가장 나답다 느낀다. 글을 쓸 때 더 많은 꿈을 꿀 수 있다. 더 많은 책을 읽고 싶고 다양한 분야의 글을 쓰고 싶다. 책과 함께 하는 인생이 가장 행복하다고 느낀다. 능력이 있다고 믿기 때문이 아니라, 언제까지라도 내가 좋아할 수 있는 일이라 생각하기 때문이다. 복권에 당첨된다고 해도 계속 하고 싶은 일이다.

내가 쓴 글을 통해 도움을 얻고 자극을 받는 사람들이 늘어날수록 더 큰 확신을 가지게 된다. 말로 전할 수 없는 것들을 글로 전할 수 있다는 것은 감사한 일이다. 나의 말은 멀리가지 못하지만 내 글은 생각지도 못할 만큼 멀리 간다. 그만큼 내 글에 책임감이 커진다. '작가가 아니더라도 자신이 쓴 단 한 줄의 글이라도 책임감을 가진다면 좀 더 신중하게 글을 쓸 수 있지 않을까?' 하는 생각을 해본다. 한 줄의 글로 타인에게 상처 주는 것을 주저하지 않는 사람들에게 이런 말을 해주고 싶었다.

혹시 이 글을 읽는 사람 중 전업 작가를 꿈꾸는 사람이 있다면 지금 현재 매일 글을 쓰고 있는지 묻고 싶다. 다른 일을 하면서도 글을 쓸 수 있는 사람이 전업 작가가 될 수 있다. 글을 쓰는 습관을 들이지 않은 상태에서 '시간이 많아지면 하루 종일 쓸 수 있겠지?'라고 생각하면 오산이다. 훌륭한 작품을 내고 나서도 생활고에 시달리다 죽어간 작가들이 얼마나 많은지 안다면 그렇게 쉽게 전업 작가를 꿈 꿀 수는 없다. 평생을 글만 쓰면서 살아온 작가들 특히 글을 써서 먹고 살아온 작가들을 존경한다. 얼마나 힘들었을지 짐작이 간다. 자기 일을 해나가면서 매일 빠지지 않고 글을 쓰고자 하는 열정이 있다면 그 열정이 식지 않고 이어질 수 있다면 당신은 전업 작가를 꿈꿀 자격이 있다. 한 번의 대박으로 그 꿈이 이루어길 바라는 사람이 아니라면 말이다.

계속 글을 쓰고 싶은 사람, 책을 계속해서 내는 것을 목표로 하는 사람들에게 할런 엘리슨이라는 미국 소설가가 했던 말을 전해주고 싶다.

"악인도 작가가 될 수 있다면, 미친 사람도 작가가 될 수 있고, 개코원숭이도 작가가 될 수 있으며, 슬러지나 아메바도 작가가 될 수 있다. 문제는 작가가 '되는 것'이 아니라, '작가로 살아가는 것'이다. 하루가 지나고 일주일이 지나고 한 달이 지나고 일 년이 지나도 작가로 살아남는 것, 그것은 기나긴 여정이 될 것이다."

나는 힘든 순간, 인생에 전환점이 될 시기에 책에서 많은 도움을 얻었고 영감을 얻었다. 책은 나의 가장 친한 친구이자 스승이다. 책을 읽고 내 삶에 적용할수록 더 나은 책을 쓰고 싶다는 욕망이 끊이질 않는다. 책을 통해 얻었던 지혜와 용기와 깨달음을 더 많은 사람들에게 전달하고 싶다는 마음이 든다. 누구나 비슷한 생각을 하지만 표현하지 못하는 것은 어떤 것이 있는지, 우리가 쉽게 흘려보내서는 안 되는 것들은 어떤 것인지 늘 생각한다. 특별하지 않은 일상에서 내가 얻었던 특별한 깨달음을 누군가와 함께 나누고 싶다.

특히, 살아가면서 경험한 나쁜 일들을 통해 깨달은 것을 주위 사람들뿐만 아니라 더 많은 사람들에게 이야기해주고 싶다. 나 같은 경험을 하지 않도록 말이다. 시간을 허비하게 했던 선택과 경험, 나이가 어려서 잘 몰랐던 일들, 피할 수 있었음에도 불구하고 피할 수 있는 지혜가 부족했던 나날들을 책 속에 담는다. 나와 비슷한 경험을 하면서 살아갈 사람들에게 어쩌지 못하는 상황에서 현명하게 선택하기 위한 도움을 주고 싶다. 글을 쓰면서 나의 실패가 꼭 나쁘지만은 않다는 위안을 얻는다. 나의 실패를 통해 다른 누군가는 그것을 피해갈 수 있을 거라는 믿음을 얻게 되었기 때문이다.

《여자의 인생을 바꾸는 자존감의 힘》을 읽었던 남성 독자는 이런 말을 했다. 여자들이 결혼 후 이렇게 힘든 마음으로 살아가는 줄은 몰랐다고 말이다. 우리는 남녀가 늘 섞여서 함께 살아가고 있지만 가끔은 다른 세상에서 살고 있는 것처럼 느껴질 때가 있다. 함께 행복할 수 있는데 그러지 못하는 현실에 안타까움을 느낀다. 여자로, 남자로 살아보지 않더라도 모르는 타인의 글에서 우리는 생각지도 못한 공감을 얻을 때가 있다. 내가 쓴 책이 누군가의 인생에 긍정적인 파도를 일으켜 변화의 씨앗이 될 수 있다면 더 바랄 것이 없다.

다양한 곳에 강의를 다니다 보면 사람들이 글쓰기에 대해 얼마나 많은 관심이 있는지 확인할 수 있다. 글을 쓰지 않는 사람도 글쓰기에 대한 궁금증은 가지고 있다. 어떻게 하면 글을 잘 쓸 수 있는지, 책은 어떻게 쓰는지, 쓰다가 포기하지 않기 위해서 어떤 노력이 필요한지 등 다양하다. 일상에서 글쓰기 훈련이 얼마나 중요한지에 대해 강조하고 또 강조한다. 일상의 사소한 노력이 발휘하는 큰 힘에 대해 알려준다. 나는 글만 쓰는 작가는 아니다. 강의도 하고 내 일도 하면서 글을 쓴다. 누군가는 취미로 글을 쓰느냐고 하겠지만, 아니다. 나는 소명으로서 글을 쓴다.

어떤 문제가 발생했을 때 그것을 해결할 수 있는 가장 좋은 방법은 그것에 관해 이야기하고 글로 표현해서 많은 사람들이 함께 고민해볼 수 있는 기회를 만들어내는 것이다. 주변을 돌아보고 나와 비슷한 삶을 살아가지 않는 사람일지라도 공감할 힘을 키워낸다면 이 사회가 삭막하다고만 느껴지지는 않을 것이다. 약자들을 대변하는 글을 쓰고 싶고 사람 사이 따뜻한 마음을 느끼고 전하는 글을 쓰는 작가로 살아가고 싶다.

조정래 작가는 얼마 전 한 인터뷰에서 글을 잘 쓰는 것은 '읽고, 읽고 또 읽고, 생각하고, 생각하고 또 생각하고 쓰고, 쓰고 또 쓰면 열길 길'이라고 말했다. 평생 이런 마음으로 재능이 아닌 노력을 믿고 쉬지 않고 계속해서 글을 썼다고 한다.

"글을 쓰는 순간순간은 전부 고통인데 어느 순간 내가 생각하지도 못할 정도로 정말 잘 쓴 부분이 나온다. 희열, 기쁨, 도를 통한 열반을 느낀다. 그 기쁨 때문에 글을 계속 쓰게 된다." 그는 사회의 문제를 깨닫고 개선하도록 하는 것이 작가의 역할이고 임무라고 말한다. 그런 소명으로, 서로의 존재를 인정하고 사회 문제에 늘 관심을 가져야 할 이유를 소설을 통해 끊임없이 말하고 있다.

나는 내가 글을 잘 쓴다고 생각하지 않는다. 하지만 종일 쓰다보면 그의 말처럼 괜찮은 문장들이 나온다는 것을 알고 있다. 글쓰기는 타고난 사람보다는 노력으로 만들어가는 능력이라는 생각이다. 아무리 재능이 있다 하더라도 엉덩이를 붙이고 앉아 있지 못한다면 계속해서 작품을 만들어낼 수는 없을 테니까.

조정래 작가처럼 사회적 책임감을 가지고 끊임없이 글을 쓰는 작가로 살아가고 싶다. 우리가 외면하지 말아야 하는 것들에 대해 말하고 재능보다 중요한 노력의 가치에 대해 깨닫게 해주는 글을 쓰고 싶다. '인생은 기회이고 선택이며 흘러가는 물줄기를 따라서 떠나가는 하나의 배'라는 그의 말처럼, 매 순간의 소중함을 알고 우둔한 노력을 경시하지 않으며 치열한 노력 속에서 성공의 꽃을 피우고 싶다.

007

지금의 삶을 더욱
사랑할 수 있게 되는 비결

글을 쓰면서 내 안에 '나를 사랑하는 마음'을 가득 채우고 하루하루를 보낸다. 글을 쓰는 동안은 설명할 수 없는 충만한 감정 속에서 누군가의 방해를 받지 않고 온전히 내 생각에 집중할 수 있다. 나는 '치유'라는 말이 좋다. '나를 치유하고 타인을 치유한다'는 말이 가지고 있는 느낌이 좋다. 나는 글을 통해 나를 치유한다. 또 나의 글로 타인을 치유하길 희망한다. 지금의 삶을 두려움 없이 살기 위해 매일 조금씩 나를 비우고 또 비운다. 오늘도 하나의 비움으로 마음이 홀가분해졌다.

아니타 무르자니의 《그리고 모든 것이 변했다》를 읽은 적이 있다. 책장에서 다시 꺼내 읽으며 내가 잊어버린 것은 무엇인지 생각하는 시간을 보냈다. 아니타는 암 투병 중 죽음의 문턱을 넘어갔다 돌아온 인도 여성이다. 4년 동안 암을 앓다가 임사 체험 후 암이 낫는 경험을 한 후, 책을 썼고 강연을 통해 자신의 깨달음을 나누고 있다. 그녀는 '나를 사랑하는 것'이 치유의 핵심이었음을 깨달았다.

"우리는 완벽하기를 바라는 다른 사람의 기대에 맞춰 살려고 애쓰지 않아도 되고, 비참하게 실패했을 경우라도 자신이 부적합한 존재라고 느낄 필요도 없다. 삶이 나에게 그저 존재하기를 바라는 대로 나 자신을 맡길 때 나는 가장 강한 존재가 된다. 암의 경우에도 내 쪽에서 모든 걸 넘겨주었을 때 비로소 치유되었듯이 말이다. 다시 말하면 나는 삶에 '맞서' 저항할 때가 아니라 삶과 '함께' 나아갈 때 가장 강한 존재인 것이다."

그녀는 자신을 망가뜨린 것은 암에 대한, 죽음에 대한 두려움이라는 것을 알게 되었다. 왜 그토록 자신에게 가혹했는지 후회했다. 남들을 의식하며 사느라 정작 자신을 제대로 사랑하지 못했기 때문이다. 존재한다는 이유만으로도 사랑받아 마땅한 존재라는 사실을 깨달았다.

다시 살아났을 때, 그녀는 이전처럼 살아갈 수는 없었다. 이전과 같은 마음으로 사람을, 세상을 바라볼 수 없었기 때문이다. 그녀는 새로운 세상을 헤쳐 나가기 위해 '글쓰기'로 자신을 치유했다. 인터넷 게시판과 블로그에 글을 썼다. 자신이 경험한 것을 사람들에게 계속해서 이야기하고 싶은 감정을 쏟아내기 시작했다. 그녀의 이야기를 들은 웨인 다이어와 출판사의 도움으로 책을 세상에 내놓게 되었다. 그녀는 스스로를 조건 없이 사랑하고 두려움 없이 자기 자신이 되는 것 그리고 즐겁게 지내는 것이 전부라고 말한다. 있는 그대로의 모습으로 자신을 진심으로 사랑하라고.

우리는 일상에서 수많은 두려움 속에 살아간다. 남들에게 인정받지 못할까봐 두렵고, 친구들보다 공부를 못할까봐 두렵고, 좋은 대학에 들어가지 못할까봐 두렵고, 부모님께 인정받지 못할까 봐 두렵고, 상사에게 무시당할까 봐 두렵고, 지금 하고 있는 일이 실패할까 봐 두렵다. 두려움은 현재 삶에서 가져야 할 즐거움을 빼앗고 현실을 살아내야 할 에너지를 갉아먹는다. 두려움에서 벗어날 수 있다면 우리는 자유로워질 수 있다.

나는 지금의 삶에 대한 감사함을 느끼게 해주는 책들을 즐겨 읽는다. 만약 죽었다 다시 살아날 수 있다면 아마 지금과는 다른 삶을 살아갈 것이다. 경험해보지 못해서 그럴 수 없다는 것은 안타까운 일이다. 책을 통해 그 느낌에 더 가까이 다가가기 위해 노력한다. 잊지 말아야 하는 것을 잊고 산다고 느낄 때, 책을 다시 꺼내어 볼 수 있어서 감사하다.

메르세 로도레다는 이런 말을 했다. "내가 어릴 적에, 나중에 어른이 되면 새로 읽는 것보다 다시 읽는 것이 더 많을 것이란 이야기를 들었는데 이는 사실이었다. 그대도 자신의 인생에서 읽었던 중요한 것들에 더 흥미를 갖게 될 것이다. 그러니 그것들을 흡수하여 자신의 것으로 만들라."

나는 매일 저녁 어머니에게 전화를 건다. 혼자서 매일 외롭게 지낼 어머니를 떠올리면 마음이 아프다. 자식 뒷바라지에 여유 없이 살다 이제 서야 편안하게 보내는데 '외로움'이라는 친구는 삶을 더 힘들게 만들기 때문이다. 평생 고생만 하고 살아서 건강이 정신을 따라와 주지 않는다. 시간은 많지만 다닐 수 있는 곳은 많지 않다. 어머니를 생각하면 나이가 들어서 더 건강해야 하고 좋아하는 일을 하며 살아야겠다는 생각이 든다. 노년에 쓸 에너지를 남기고 살았어야 했는데 어머니는 우리를 키우면서 전부를 쏟아버린 것 같다. 어머니가 건강하다면 책도 많이 보내드리고 글도 써보시라고 말씀드리겠지만 그럴 수가 없어서 안타깝다. 다행인 것은 책이 나올 때마다 어머니가 참 좋아하신다는 것이다. 새로울 것 없는 일상에서 작은 기쁨을 드릴 수 있어서 감사하다. 어머니는 나를 통해 희망을 본다.

유튜브로 독보적인 존재감을 드러내고 있는 박막례 할머니는 손녀와 함께 자신의 이야기를 담아 《박막례, 이대로 죽을 수 없다》를 펴냈다. 스무 살에 결혼한 후 삼남매를 낳고 남편이 집을 나가자 파출부와 식당일, 리어카 장사까지 안 해본 일 없이 힘든 삶을 살았다. 한 언론과의 인터뷰에서 청춘들에게 해주고 싶은 말을 묻자 이런 말을 했다.

"희망을 버리면 절대 안 돼요. 희망을 버렸으면 다시 주워 담으세요. 그러면 돼요. 희망은 남의 게 아니고 내 거라서 버렸으면 도로 주워 담으세요. 인생은 끝까지 모르는 거야."

인생은 끝날 때까지 끝난 게 아니라고 했던가. 끝이 보이지 않을 만큼 힘든 순간에도 지금이 끝이 아니라고 말할 수 있다면 얼마나 좋을까. 쉬지 않고 글을 쓰는 이유는 '희망'이 있기 때문이다. 내 꿈을, 희망을 스스로 포기하고 싶지 않아서다. 글쓰기는 혼자 하는 외로운 작업이다. 글은 쓰면 쓸수록 어려운 일이라는 말이 맞나 보다. 쓸수록 내 글을 판단할 눈이 생겨 더 어렵다. 자신감이 줄어들면 계속 써내려가기가 힘들기 때문에 스스로 동기부여 하면서, 자신을 응원하면서 써야 한다.

글을 쓰지 않으면 성장이 멈추는 것과 같아서 계속 쓰고, 글을 쓰고 있을 때 살아있다는 느낌이 들어서 계속 쓴다. 쉬지 않고 책을 읽기 때문에 관심사가 늘어나서 지속해서 쓸 수 있다. 배우고 깨달은 것들을 글로 표현하고 싶다는 욕구가 끊이질 않는다. '나는 매일 조금씩 나아지고 있다'는 믿음으로 오늘도 쉬지 않고 쓴다.

슈테판 볼만의 《생각하는 여자는 위험하다》에는 평생 동안 생각의 끈을 놓지 않고 자신의 삶을 살았던 여자들에 대한 이야기가 나온다. 두려움 없이 자신이 옳다고 생각하는 길을 갔던 사람들이다. 이 책에 나오는 시몬 드 보루아르에 대해 소개한다.

보루아르는 제1차 세계 대전의 영향으로 부유층에서 빈곤층으로 전락하면서 위기에 굴복하는 것이 아닌, 자신의 생각을 확고히 하는 기회로 삼았다. 《제2의 성》에서 여성에게 허락되는 기회와 그렇지 않은 것들에 대해, 여성의 행복과 불행, 평계와 능력에 대해 이야기했다.

"여자는 태어나는 게 아니라 만들어진다."라는 말과 함께 "여성은 자신의 약점이 아닌 능력으로 사랑해야 한다."라는 말을 남겼다. 그녀는 "실존은 본질에 앞선다."는 말을 진리로 받아들여 여성들에게 필요한 것은 현존에 대한 자각이라고 말했다. 그녀는 평생 타인에게 자신을 존재시키고자 노력했고 자신의 삶을 스스로 어떻게 느끼는지 전달했다. "두 존재가 각자의 자유를 향유할 줄 안다면, 이들은 기만적인 특권을 두고 다툴 생각도 더는 하지 않을 것이다. 그리고 이들은 박애 정신을 갖게 될 것이다."라고 말했다.

자신의 삶을 사랑하는 사람은 어떤 상황에서도 의미 없는 인생을 선택하지 않는다. 많은 여성작가들이 오랫동안 '여성은 어떤 존재인가?'에 대한 의문을 가졌다. 그들 모두의 공통점은 여성과 남성 모두 동등한 존재라고 인식했다는 사실이다. 언젠가는 그런 세상이 올 거라는 희망을 놓지 않았다. 자신을 사랑하는 마음은 타인을 사랑하는 마음과 다르지 않았다. 글로써 자신과 세상에 대한 생각을 표현할 수 있다면 지금의 삶을 더욱 사랑할 수 있지 않을까.

종일 글 쓰며 일상을 채울 때 잠깐 바라보는 하늘은 눈부시게 아름답다

페터 한트케 《어느 작가의 오후》

전업 작가가 되고 싶거나 글을 쓰며 살아가고 싶은 사람들에게 페터 한트케의 《어느 작가의 오후》라는 책을 추천한다. 감히 책을 평가할 수 없기에 내가 책을 읽으며 느꼈던 감정을 공유하고자 한다. 1987년에 발표된 이 작품은 주인공이 글쓰기를 마친 후 시내로 오후 산책나갔다가 돌아오는 과정을 그렸다. 하루 중 짧은 시간이지만 작가가 바라본 세상에 대해 묘사하고 있는데 우리가 일상에서 놓칠 수 있는 것들을 떠올리게 해준다. '글을 쓰는 작가라면 이렇게 섬세한 감성과 관찰력을 지녀야 하지 않을까?'라는 생각을 하게 해준다.

무심코 스쳐 지나갈 수 있는 일상의 모습을 세밀하게 관찰하고 느끼는 것에서 나도 잠시 일상을 멈추고 함께 느껴보는 시간을 가져본다. 어쩌면 우리를 둘러싼 모든 것이 결코 당연한 것이 아닌데 그렇게 받아들이며 살아가고 있는 건 아닐까. 가질 수 없는 것에 대한 끝없는 욕망으로 내 곁에 있는 소중한 것들을 놓치며 살아가고 있는 건 아닐까. 책을 읽으며 같은 시간 속 한 공간에서 작가와 함께하고 있다 느꼈다. 마치 생각을 함께 하는 오랜 친구를 만난 것처럼. 짧은 시간을 길게 풀어낸 글에서 느리게 생각하는 법을 배운다.

그는 '작품'이란 모든 요소들이 자유로운 상태로 열려 있는 것, 누구나 접근 가능할 뿐만 아니라 사용한다 해서 낡아 떨어지지 않는 것이라고 말한다. 재료가 아닌 구조가 중요한 것, 즉 특별한 속도 조절용 바퀴 없이 정지 상태에서 움직이는 어떤 것이 작품이라고. 나는 시간이 지나도 그 가치가 사라지지 않는 것이 작품이라 생각한다. 어느 한쪽에 치우치지 않는 사상으로 부자도 가난한 사람도 함께 즐길 수 있는 것이 아닐까 하는 생각이다.

이 책에서는 일상의 풍경과 사물에 대한 섬세한 묘사 외에 사색하는 작가의 모습을 통해 독자가 과거를 회상하고 자신에게 질문을 던질 기회를 준다.

"그는 왜 혼자 있을 때만 그토록 순수하게 남의 일에 관심을 두는가? 함께 있었던 사람들이 떠나고 나서야, 그들이 멀리 가면 갈수록 그들을 깊이 받아들이는 이유는 무엇인가? 마음속으로는 동반자로 여기면서도 옆자리에 없을 때 가장 또렷하게 떠오르는 이유는? 그는 왜 죽은 사람들과만 살았는가? 왜 죽은 사람들만이 그의 영웅이 될 수 있었는가?"

끊임없이 생각하는 작가의 모습을 보여준다. 과거를 추억하는 시간은 새로운 날을 열어갈 수 있게 해준다. 작가와 함께 나도 지난 시간이 내게 남겨준 것들에 대해 생각해본다. 내일도 반복될 것 같던 그 순간이 마지막이 될 수 있다는 것을 왜 생각하지 못했을까? 후회되는 시간들이 떠오른다.

나는 집안에 갇혀 배고픔을 느끼지 않을 정도로 밥을 먹고 나머지 시간 모두를 집필에 쏟을 때가 많았다. 원고를 끝내고 가고 싶은 곳을 떠올리거나 만날 사람을 생각하며 조금 더 인내심을 가져본다. 종일 글을 쓰며 일상을 채울 때 잠깐 바라보는 하늘은 눈부시게 아름답다. 햇살은 나를 따뜻하게 안아주고 온몸의 긴장을 풀어준다.

하지만 원고를 끝냈을 때, 그렇게 홀가분하지가 않다. 다른 어떤 것에 쉽게 빠져들지는 못한다. 글을 쓰면서 충분히 그 시간을 의미 있게 채우고 있었기 때문이리라. 글을 쓰며 혼자만의 시간을 많이 가지면서 스쳐 지나가는 사람에 대해서도 호기심이 생긴다. '이 사람은 지금 무슨 생각을 하고 있을까?' 하는 생각을 해본다. 버스 정류장에 서 있는 사람도 지하철을 기다리며 서 있는 사람도 어떤 생각을 하고 있는지 궁금할 때가 있다. 웃고 있지만 이면에 가진 슬픔을, 침묵하고 있는 표정 뒤에 존재하는 아련함에 대해서도.

이 책의 저자 페터 한트케는 어린 시절 전쟁과 가난으로 힘든 시간을 보냈지만 문학을 접한 후 자아를 찾기 시작했다. 구속으로부터 해방, 힘든 삶으로부터의 보상을 위해 열두 살 때부터 작가가 되기로 결심한다. 그의 문체와 세계관에 영향을 준 작가는 카프카였다고 한다. 살아가면서 겪었던 삶의 고통을 작품 속에 녹여내며 끊임없이 자신의 정체성을 찾기 위해 노력했다. 페터 한트케를 알게 된 것을 축복이라 생각한다. 틈나는 대로 그의 작품을 만나고 싶다.

　책을 한 번 읽을 때는 이해가 되지 않았던 부분들이 두 번째 읽을 때는 이해가 되는 부분이 많았다. 우리 역시 망상 속에서 많은 시간을 보낸다. 말도 안 되는 상상을 하기도 하면서. 누군가에게 말하기엔 너무나 엉뚱한 상상들을 하며 살아가지 않는가. 상상력이 줄어들 때 삶의 즐거움 또한 줄어들 것이다. 꿈을 꾸지 않고서 꿈을 이룰 수 없듯이.

　나의 꿈은 전업 작가다. 전업 작가는 외롭다. 홀로 인내하며 글 속에서 세상을 바라볼 줄 알아야 하기 때문이다. 사람들 속에 있지 않더라도 그들과 함께 숨 쉴 줄 아는 사람이어야 한다. 읽어줄 이 없는 글은 생명력도 가치도 없다. 글만 쓰며 생활이 된다면 좋겠다는 생각이다. 물론 내가 하고 있는 모든 활동들이 내겐 의미가 있다. 그 중 단 한 가지만 하고 살라고 한다면 글을 쓰고 싶다. 죽는 순간까지 하고 싶은 일은 글을 쓰는 일이다. 그리고 그것만이 가능하다는 생각이다.

　글에 몰입하면서 당연히 주어진 것들에 대한 감사하게 되었다. 맑은 공기, 바람, 햇살, 파란 하늘, 시원한 물, 휴식, 달달한 커피, 좋은 사람들과 나누는 대화, 숙면, 자유롭게 움직일 수 있다는 것에 대한 감사함을 느낀다. 볼 수 있는 눈이 있어 감사하고 쓸 수 있는 손이 있어서, 무엇보다 계속해서 쓰고 싶다는 욕구가 그치지 않는 것에 감사하다.

글을 쓰면서 많은 것을 잃었다.
하지만 글쓰기가 없다면, 실존은 공허하다

아니 에르노 《부끄러움》

"내게 글쓰기는 헌신이었다. 나는 글을 쓰면서 많은 것을 잃었다. 하지만 글쓰기가 없다면, 실존은 공허하다. 만일 책을 쓰지 않았다면 죄책감을 느꼈을 것이다."

《부끄러움》의 작가 아니 에르노의 말이다. 1940년 프랑스에서 태어난 에르노는 자전적 소설을 쓰는 프랑스 최고의 작가로 손꼽힌다.

세상에는 좋은 책들이 많다. 죽기 전에 다 읽고 죽고 싶을 만큼 훌륭한 책들이 넘쳐난다. 그건 죽기 전까지 끝없이 배우고 또 배워도 부족하다는 것을 의미할 것이다. 에르노의 《부끄러움》이라는 책을 선택하기 전까지 그녀의 다른 소설을 읽어본 적은 없다. 그녀 삶에서 부끄러웠던 순간들을 솔직하게 써내려간 작품일 거라는 기대감에 이 책을 집어 들었다. 책을 쓰면서 나에 대해 어디까지 써야 할까 고민한 적이 많았다. 나의 전부를 드러내기 부끄럽고 내 이야기를 남들은 어떻게 생각할지 확신이 서지 않으니까. 즐거웠던 일뿐만 아니라 고통스럽고 힘들었던 시절의 이야기도 책 속에 담았지만 내 안에 숨겨져 있는 모든 이야기를 꺼내지는 못했다. 그래서 이 책을 펼칠 때 기대감을 가지게 되었는지도 모른다. 제목 하나만으로 말이다.

에르노는 1952년, 유년 시절 중 가장 충격적이고 불안했던 순간의 기억으로 이야기를 시작한다. 아버지가 어머니를 죽이려 했던 그때를 떠올리고 그 사건이 이후의 삶에 어떤 영향을 끼쳤는지 보여준다. 어떤 것에도 집중하지 못하고 불안함을 떨쳐버리지 못하는 유년 시절을 보냈다.

기억이라는 것은 무섭다. 나도 가끔은 내 기억을 모두 지우고 싶다고 느꼈던 적이 있었다. 좋지 않은 기억들이 내 머릿속에서 떠나지 않고 함께 살아가는 것이 싫었다. 그런 생각을 하면 할수록 기억은 더 선명해질 뿐 나를 떠나지 않는다. 창피하고 부끄러웠던 기억, 후회되는 순간들, 내 인생에서 벌어지지 않았다면 좋았을 기억들은 살아가는 내내 내 발목을 잡는다. 한편으론 변화를 위한 원동력이 되기도 하면서. 좋은 기억만 붙잡고 사는 인생만이 의미 있다고 생각하지도 않는다. 에르노는 열두 살 세상의 법칙에 따라 움직이며 살아갔던 시절을 회상하며 이런 말을 한다.

"남들처럼 살자는 것이 모든 사람들의 목표이자 성취해야 할 이상이었다. 개성은 일탈, 심지어 조금 미친 것 같은 증세로 간주되었다. 동네 개들 이름조차도 하나같이 '미케'나 '보비'였다."

남들이 어떻게 사는지에 대해서는 떠들어대면서 자신의 삶은 철저하게 감추었던 시절을 회상한다. 타인에게는 '예의'라는 보호막을 치고 가까운 가족끼리는 서로를 존중하지 않는 태도를 보였던 시절이다. 늘 타인을 의식하며 속마음을 감추고 때로는 누르며 살았던 그 시절에는 사용하는 단어에도 한계가 있었다.

1952년 6월 15일, 아빠가 엄마를 죽이려고 했던 날, 에르노는 "아빠가 내 불행을 벌어놓은 거야."라며 대꾸했다. 그런 표현은 로맨스 소설이나 잡지에서나 나올법한 언어였다. 당시에는 감정을 표현하는 단어가 고작 '멍청했었지', '나빴었지', '죽을 맛이야' 등의 표현뿐이었다. 그녀는 스스로 자신이 무시와 경멸의 대상인 계층에 속한다는 것을 알고 있었다.

"부끄러움을 느끼는 것은 당연한 일이었다. 그것은 내 부모의 직업, 궁핍한 그들의 생활, 노동자였던 그들의 과거, 그리고 우리의 존재 양식에서 비롯된 결과물이었다."

감정을 표현하며 살고 싶었던 욕구가 그녀를 작가로 살아가게 만들어준 것 같다는 생각이 든다. 우리가 표현하는 단어 뒤에 숨겨진 진실에 대해서도 생각하게 된다. 우리는 원하든 원하지 않든 태어난 환경의 영향에서 벗어나 오롯이 자신의 삶을 살아가는데 많은 시간이 걸린다. 성인이 되어서도 어떤 강박증에 시달리는 사람들은 대부분 이렇게 어린 시절 감추고 싶었던 상처가 있었다. 부모에 대한 원망과 부끄러움은 삶의 목표와 방향을 잡게 만들어주기도 하지만 스스로 그 안에 갇혀 헤어 나오지 못하게 만들기도 한다. 어른의 부끄러움은 아이의 부끄러움으로 연결될 수밖에 없다.

에르노는 말한다.

"책이 나온 뒤에는 다시는 책에 대해 말을 꺼낼 수도 없고 타인의 시선이 견딜 수 없게 되는 그런 책, 나는 항상 그런 책을 쓰고 싶다는 욕망을 갖고 있었다. 하지만 열두 살에 느꼈던 부끄러움의 발치에라도 따라가려면 어떤 책을 써야 할까?"

에르노는 자신의 삶을 억압하고 한계 지었던 부끄러움을 글로써 쏟아내 버리고 벗어나고 싶었던 것이 아닐까. 모든 걸 끄집어내고 나면 지우고 싶었던 기억에서 벗어날 수 있다고 믿었던 것이 아닐까. 그럴 수 없더라도 누군가 그 마음을 알아주기를 바랐는지도 모른다. 자신이 선택할 수 있는 건 없었다고.

《부끄러움》을 읽으며 그녀가 느꼈던 소외감과 외로움을 함께 느낄 수 있었다. 어린 시절의 내 모습이 떠올랐고 다른 시대를 살았지만 우리는 나름의 고민과 상처를 안고 있기에 공감할 수 있었다. 그녀의 끔찍했던 기억은 나의 과거를 회상하기에 충분했고 같은 하늘 아래에서 다른 세상을 꿈꾸며 살아가는 사람들에 대해서 생각하게 된다. 가족 안에서의 소외, 사회에서의 소외가 인간에게 주는 고통에 대해서도.

아이들은 가끔 어른들보다 똑똑하다. 어른들이 예상하지 못할 만큼 깊은 고민에 빠지기도 한다. 어른들이 하는 말과 행동에 크게 연연하지 않을 거라 생각하지만 그 기억이 평생 따라다닐 수도 있다. 나 역시 유치원 때, 초등학교 시절에 선생님이 했던 말이나 아는 언니나 오빠들이 상처 주었던 기억이 지금도 생생하다. 가끔 주관적인 생각을 강요할 때면 선생님이 부끄럽게 느껴지기도 했다.

나는 부당한 요구를 하는 어른들의 말이 기분 나쁘기보다는 부끄럽다 여겼던 것 같다. 나이를 먹는다고 해서 현명해지거나 지혜로워지는 것이 아니라는 것을 너무 이른 나이에 알아버렸다. 하지만 중요한 건 거기서 끝나는 것이 아니라 커가면서 그 말들이 내 삶에 알게 모르게 영향을 주었다는 사실이다. 옳고 그름을 판단하고 스스로 행동을 결정하기엔 너무 어렸기 때문이다. 어른이 되면서 과거와 상관없이 자신의 삶은 스스로 책임져야 한다는 사실을 깨달았다. 과거는 과거일 뿐이다. 앞으로의 삶에 얼마만큼의 영향을 줄 것인가는 스스로 결정하는 것이다.

지금껏 행복이라 불렀던 것에 대해 다시 정의하게 될 것

마이클 커닝햄《디 아워스》

스티븐 달드리 감독의 〈디 아워스〉라는 영화를 먼저 보고 책을 읽었다. 영상 매체를 통해 책으로 연결된다는 것이 좋다. 내가 책에서만 배움을 얻지 않도록, 좋은 책을 선별할 수 있도록 도와주는 역할을 한다.

마이클 커닝햄의《디 아워스》는 1923년 런던의 교외에서 사는 버지니아 울프, 제2차 세계대전 후 1949년 로스엔젤레스에서 살아가는 로라 브라운, 20세가 말 뉴욕에서 사는 클라리사 본의 삶을 함께 보여준다. 그들은 다른 시간을 살아가지만 모두가《댈러웨이 부인》이라는 작품으로 연결된다.

정신병을 앓고 있던 버지니아 울프는《댈러웨이 부인》을 집필하며 고민한다. 주인공인 댈러웨이 부인의 운명을 어떻게 결정해야할지 판단이 서지 않기 때문이다. 그녀는 누군가 죽어야만 남은 이들이 삶의 소중함을 깨닫는다고 생각한다. 한 남자의 부인이자 엄마인 로라 브라운은 《댈러웨이 부인》을 읽는다. 평범한 일상, 안정된 일상 속에서 보여주는 표정 없는 그녀의 얼굴에서 삶의 허무함이 전해진다. 현재 뉴욕에 사는 클라리사 본은 에이즈로 죽어가고 있는 옛 애인, 리처드로부터 '댈러웨이 부인'이라 불린다. 자신이 사랑했던 남자로부터 '댈러웨이 부인'으로 불리는 그 순간, 그녀의 삶은 마치 댈러웨이 부인이 된 것처럼 그 속에 갇혀버린다. 영화 속 세 여자는 다른 시간 속에서 살아가는 인물이지만 마치 동시대를 살아가는 인물처럼 느껴진다.

뉴욕에 사는 클라리사 본은 어느 순간, 자신의 삶이 없다는 것을 깨닫게 된다. 리처드와 함께 있는 순간만이 자신을 살아있게 하였기 때문이다. 그녀는 살면서 행복했던 순간들을 떠올려본다.

"어느 날 아침이 기억나. 새벽에 일어나서 멋진 일이 일어날 것 같은 느낌이 들었어. '이게 바로 행복의 시작이구나. 여기서부터 시작이야. 더욱 행복해지겠어.' 절대 아니었지. 시작이 아니었어. 그냥 행복이었다. 그 순간이었어. 바로 그때."

가장 행복했던 순간은 앞으로 지금처럼 행복할 거라는 믿음을 가졌던 때였던 것 같다. 클라리사의 말처럼 행복이 시작될 거라고 믿었던 그 순간 말이다. 돌이켜보면 바로 그 순간이 가장 행복했었는데 그때는 몰랐다. 우리는 우리가 행복이라 부르는 그 순간의 행복을 충분히 느끼지도 누리지도 못한다. 다가올 미래를 생각하느라 그 순간의 소중함을 깨닫지 못하기 때문에.

버지니아는 정신병을 앓고 있는 자신을 헌신적으로 보살펴주는 남편이 있지만 결국 자살로 생을 마감한다. 그 사람에게 자유를, 그보다 자신에게 자유를 주기 위해서다. 그녀의 치료와 안정을 위해 교회로 데리고 와준 남편에게 말한다.

"교회의 질식할 것 같은 마취제 속이 아니라 런던의 거친 삶을 원해요. 그게 내 선택이죠. 가장 반항적이고 엉망인 환자도 원하는 치료법을 부탁할 순 있잖아요. 그래야 인간이죠."

그녀는 '삶을 회피하면 평화를 얻지 못한다.'고 말했다. 세 여자는 모두 외롭다. 살아갈 날에 대해 고뇌한다. 죽음 속에서 삶을 선택하고, 자유롭지 않은 삶 속에서 죽음을 택한다. 사랑하는 사람을 떠나보낸 후 자신의 삶을 돌아본다. 버지니아는 결국 원하는 죽음을 선택한다. 그녀는 말한다.

"언제나 삶을 똑바로 마주하고 삶의 참모습이 무엇인지 깨달으며 마침내 그것을 깨달으며 삶을 그 자체로 사랑하고 그런 후에야 접는 거에요."

소설보다 영화 속에서 세 여자의 삶이 더욱 가깝게 느껴진다. 마치 같은 시간을 살아가는 사람처럼 세 여자의 하루가 겹쳐 보인다. 시대가 바뀌어도 우리는 결국 같은 고민을 안고 살아갈 수밖에 없는 것일까. 자신의 삶을 살아간다는 것이 이토록 힘든 일일까.

누군가를 위해 살아가는 인생은 의미 있다. 끝까지 후회하지 않을 수 있다면 이보다 더 아름다운 인생은 없을 것이다. 하지만 그 누구도 타인만을 위해 살아가는 삶을 행복이라 말하지 않는다. 누군가의 희생으로 살아가는 사람 또한 행복할 수 없다. 빚을 지고 살아가는 사람은 고통과 함께 살아가야 한다. 각자 다른 환경에서 다른 모습으로 태어나지만 모두의 삶에는 존재 이유가 있다고 믿는다. 타인이 자신의 삶을 선택하도록 내버려두지 않을 권리와 자유는 누구에게나 있는 것이다.《디아워스》를 보고 읽는다면 지금껏 행복이라 불렀던 것에 대해 다시 정의하게 될 것이다.

시를 쓰는 게 어려운 게 아니라 시를 쓰는 마음을 갖는 게 어려운 것

영화 〈시〉

이창동 감독의 영화 〈시〉는 두 번 본 영화다. 영화를 보며 '시'를 사랑했던 시절을 떠올려본다. 학창시절에 시를 참 좋아했고 직접 써보기도 했는 데 나이를 먹으면서 시와 멀어졌던 것 같다. 요즘 시를 자주 읽는다. 어릴 때 가졌던 감성을 다시 소환하면서 말이다.

주인공 미자는 예순여섯 살이다. 화려한 옷차림만큼 밝고 순수한 사람이다. 파출부 일을 하며 중학생 손자와 둘이 살아간다. 기억에 문제가 생겨 병원에 가지만 대수롭지 않게 여긴다. 그런데 우연히 문화원에서 시를 배우기 시작하면서 일상에 변화가 찾아온다.

미자는 문화원에서 수업을 들으며 시에 대해 매일 생각한다. 설거지통을 유심히 바라보기도 하고 집안 곳곳의 사물을 들여다보기 위해 노력한다. 손에 사과를 올려놓고 살펴보기도 하면서. 어쩌면 기억이 흐려지면서 시를 쓰고 싶은 마음을 가지지 않았을까 짐작해본다. 단어가 기억나지 않는 일상에서 모두 지워지기 전에 기억을 잡아두기 위해서 말이다.

동네 평상에 앉아 나무를 쳐다보며 혼자 바람을 느껴본다. 시를 배우기 시작하면서 어느 것 하나 허투루 보이지 않는 미자다. 나도 어릴 때 시를 써본 적이 있는데 며칠을 고민하며 썼던 기억이 난다. 뭔가를 관찰하는 것, 제대로 아는 것이 어렵다는 것을 느꼈었다.

영화 속에서 시를 가르치는 시인은 '시를 쓴다는 것은 아름다움을 찾는 것'이라고 말한다. 시상은 찾아오는 것이 아니라 스스로 찾아가야 하며 멀리 있지 않고 우리 가까이에 있다고 알려준다. 나는 영화를 보면서 얼마 전 글로써 소통하게 된 작가분이 했던 말이 떠올랐다. 시를 쓰기 위해 일상에서 관찰을 많이 한다고 했다. 시를 쓴다는 것은 어떤 사물이나 현상을 통해 내 안에 숨겨진 아름다움을 발견하는 것이 아닐까 하는 생각을 해본다. 세상을 바라보는 아름다운 눈을 말이다.

평온했던 미자의 삶, 시를 배우며 설레기 시작했던 일상은 손자가 관련된 사건으로 인해 흔들리기 시작한다. 같은 학교 여학생의 자살이 자신과 무관하다 생각했는데 손자와 친구들의 성폭력 때문이었다. 미자는 사건을 해결하기 위해 가해자 아버지들을 자주 만나 이야기를 나눈다. 학생들의 아버지들은 큰 죄책감 없이 돈으로 쉽게 해결하려고 한다. 그들 사이에 끼어 혼란스러운 미자다. 큰 죄를 가벼이 여기는 부모들처럼 아이들 역시 양심의 가책 없이 이전과 똑같은 일상을 반복한다.

아무렇지 않게 웃으며 TV를 보는 손자를 지켜보는 미자는 괴롭다. 손자가 있을 땐 아무렇지 않은 척하지만 학교에 가고 나면 방을 뒤져본다. 학교와 학부모들은 가해자 학생들의 미래만 생각한다. 세상에서 사라져버린 학생의 아픔을 어루만지지도, 피해자 어머니의 고통을 이해하려 노력하지도 않는다. 그들과 생각을 같이 해야하는 미자는 나름의 방식으로 고통을 느껴보려 하지만 어찌할 수 없는 현실이 답답하기만 하다.

미자에게 위안을 주는 유일한 것은 시를 배우고 시를 쓰기 위해 애쓰는 것뿐이다. 떠오르는 것이 있으면 메모지에 적어본다. 머릿속은 온통 피해자 학생과 시에 대한 생각뿐이다. 우연히 시낭송회에 갔다가 시를 사랑하는 사람은 '마음에 꽃을 꽂고 다니는 사람'이라는 것을 알게 되었고 누군가로부터 '느낌대로 솔직하게 메모하듯 적어보라'는 조언을 얻는다. 그곳에서 우연히 형사 한 명을 알게 된다.

미자는 결국 알츠하이머 진단을 받는다. 하지만 아무렇지 않다. 손자의 사건으로 웃음을 잃었다. 시를 쓰면서 심각한 현실을 어떻게 해결해야할지 찾아가는 미자다. 결국 손자를 형사에게 넘긴다. 아무 일도 없었던 것처럼 아무렇지 않은 표정으로 손자를 그렇게 보낸다. 시인은 마지막 수업 날 이런 말을 한다.

"시를 쓰는 게 어려운 게 아니라 시를 쓰는 마음을 갖는 게 어려운 것이다."

시를 대하는 태도와 우리의 삶을 대하는 태도가 다르지 않다는 생각이 들었다. 죄를 인정하기는 어렵지 않지만 죄에 타당한 벌을 받겠다고 결심하는 것이 어려운 것이 아닐까. 영화를 보며 노인의 쓸쓸한 삶에 대해, 우리가 가벼이 여기는 범죄에 대해, 시를 사랑하는 아름다운 마음에 대해 생각해볼 시간을 가진다.

시를 쓴다는 것은 아무나 할 수 없는 일이라 여기기 쉽다. 시인의 말처럼 쓰는 마음을 갖는 게 어렵다는 말이 무슨 뜻인지 알겠다. 누구나 살면서 아름다웠던 순간이 있고 슬펐던 기억이 있다. 그것을 표현하는 것과 가슴속에 묻어두기만 하는 것은 다를 것이다. 고통을 끄집어내면 견딜 수 없다고 생각하는 사람들이 있다. 생각하는 것조차 힘든 일이라고 말이다. 하지만 꼭꼭 숨겨두기만 하는 고통은 절대 내 안에서 사라지지 않는다. 안에서 곯고 곯아 언젠가 터질지도 모른다. 가슴속에서 아름다움을 끄집어내듯 상처도 슬픔도 끄집어내야 한다. 꼭 시가 아니더라도 글로써 표현하다 보면 답답하게 갇혔던 묵은 감정들이 조금씩 날개를 달고 내 안에서 밖으로 떠나버리지 않을까.

나도 언젠가 다시 시를 써야겠다고 생각했다. 기억이 모두 사라지기 전에, 단어를 잃기 전에 '시'라는 공간 속에 영원히 사라지지 않는 열정을 담아야겠다. 그리고 어머니가 쓸쓸하지 않도록 말벗이 되어드려야겠다는 생각을 많이 하게 된다. 자식이 잘못을 저지르면 가슴 아파도 제대로 처벌을 받게 하는 것이 부모의 역할이라는 것도 알겠다.

공감이라는 것을 너무 어렵게만 바라보지 않았으면 한다. 일상에서 작지만 실천할 수 있는 부분이 있다. 노약자들에게 자리를 양보하는 것, 전단을 받아주는 것, 장애인들을 무시하지 않는 것, 도움이 필요한 사람을 외면하지 않는 것 등 나와 다른 사람을 이해하기 위해 노력할 수 있는 부분이 있다.

글쓰기만큼 나를 사랑하고
세상을 긍정하는 도구는 없다

잘 쓰려는 욕심을 놓아버리면
결국 잘 쓰게 된다

책상에는 책이 수북이 쌓여있다. 책장에 꽂혀있는 책이라고 모두 읽은 것은 아니지만 지금 읽고 싶은 책과 가까운 시간 내에 읽어야 할 책들은 눈에 보이는 곳에 쌓아둔다. 책상 위에서 유일하게 자리를 지키고 있는 건 바로 '국어사전'이다. 충분한 설명이 없는 경우, 국립국어원 표준국어대사전 사이트에 들어가 확인한다. 모르는 부분을 발견할 때마다 점검하지 않고 지나치면 어휘력이 늘지 않고 잘못된 습관을 고치지 못하기 때문이다. 끝없는 배움을 주는 우리말 공부가 즐겁다.

얼마 전, 지인이 자신이 쓴 글을 봐달라고 했다. 맞춤법이 맞지 않은 단어들이 흐름을 계속 끊었다. 오랫동안 사용하면서도 틀린 단어라는 사실을 몰랐다고 한다. 신조어가 넘쳐나고 있지만 글은 말과 달라야 한다. 시간이 지나면 기억에서 잊히는 신조어를 다루듯이 써서는 안 된다. 글쓰기에 관한 책들이 계속해서 쏟아져 나오고 있지만 여전히 사람들은 글쓰기를 어려워한다. 글을 쓰는 것은 타고난 재능이라는 편견도 여전하다. 글을 쓸 때 기본적인 원칙들만 제대로 익히면 글에 대한 두려움이 줄어든다.

어니스트 헤밍웨이는 "읽기에 쉬운 글이 가장 쓰기가 어렵다."고 했다. "무엇을 쓰든 짧게 써라. 그러면 읽힐 것이다. 명료하게 써라. 그러면 이해될 것이다. 그림같이 써라. 그러면 기억 속에 머물 것이다." 조지프 퓰리처는 문장의 전달력의 중요성에 대해 말했다. 읽기 쉬운 글은 불필요한 말을 삭제하고 할 말만 담은 글이다. 문장을 짧게 쓰면 하고 싶은 말이 방향을 잃지 않는다. 글에 확신이 없으면 같은 단어가 반복되고 글을 길게 늘려 쓰게 된다.

스티브 킹은 《유혹하는 글쓰기》에서 작가 지망생이 반드시 읽어야 할 책 한 권을 소개한다. 윌리엄 스트렁크 2세와 E.B.화이트의 《디엘리먼츠어브스타일The Elements of Style》이다. 우리나라에서는 《영어 글쓰기의 기본》이라는 제목으로 나왔다. 이 책에 나와 있는 '작문의 기본 원칙'은 영어 글쓰기뿐만 아니라 글을 쓰려는 사람들 모두에게 도움이 되는 원칙이기에 소개한다. 스티븐 킹은 작문의 기본 원칙 중 특히 '불필요한 단어는 생략하라'를 강조했다.

1. 작문의 단위는 단락-한 단락에 한 화제만을 다뤄라.
2. 주제문으로 단락을 시작하고 그 주제문에 부합하도록 단락을 마무리하라.
3. 능동태를 이용하라.
4. 긍정문을 사용하라.
5. 불필요한 단어는 생략하라.
6. 산만한 문장의 나열을 피하라.
7. 대등한 아이디어는 비슷한 형태로 하라.
8. 연관된 단어는 함께 쓰라.
9. 요약은 동일한 시제로 하라.
10. 문장에서 강조하는 단어는 마지막에 쓰라.

글을 쓸 때 시작이 어려운 이유는 처음부터 잘 쓰려는 욕심 때문이다. 일단은 쓰고 싶은 글을 느낌대로 쓴 후 여러 번 고치는 과정이 필요하다. 기본적인 원칙들을 유념하면서 쓴다면 고칠 때 수월하다. 막 쓰는 작업은 쓸 때는 쉽겠지만 막상 수정하려고 하면 어디서부터 손을 대야할지 막막한 글이다.

반복적으로 쓰는 단어 중 삭제하면 문장이 깔끔해지는 단어들이 있다. '것', '수', '의' 등은 문장에서 빼도 의미전달에 문제가 없는 경우가 많다. 다른 표현으로 다양화하려는 노력하면 표현이 풍성해진다. '너무', '매우' 등은 문장 중간에 들어가 거추장스러울 때가 있다. 형용사와 부사는 최소한으로 한다. 너무 좋고 매우 멋지고 아주 예쁜 경우는 수식어 대신 구체적인 근거가 필요하다. 사실을 통해 독자 스스로 감탄사를 느끼게 해주는 글이 감동적인 글이다.

"지옥으로 가는 길은 수많은 부사들로 뒤덮여 있다고 나는 믿는다."

스티브 킹의 글쓰기에 대한 조언이다. 부사는 민들레와 같다고 한다. 한 포기가 돋아나면 예쁘지만 곧바로 뽑아버리지 않으면 잔디밭은 철저하게, 완벽하게, 어지럽게 민들레로 뒤덮이고 만다고. 부사를 써주지 않으면 독자들이 제대로 이해하지 못할 거라는 작가들의 근심은 형편없는 산문의 근원이라고 말한다. 또 능동태를 가지고도 얼마든지 힘찬 글을 쓸 수 있다고 강조했다. 좋은 글을 쓰려면 근심과 허위의식에서 벗어나라는 말이 마음에 와 닿는다.

'그리고', '그래서', '그러나', '하지만' 등의 접속사는 꼭 필요한 경우가 아니라면 삭제한다. 삭제해도 의미 전달에 문제가 없으면 된다. 문장의 끝에 진행형으로 자주 사용하는 '고 있다'라는 표현에서 '있다'는 없애도 충분히 이해가 되는 경우가 많다. 예를 들어 '간다', '온다'를 '가고 있다', '오고 있다'라고 쓰는 경우다. '가고 있었던 것이다' '오고 있었던 것이다'라는 표현도 마찬가지다.

흔히 사용하고 있는 '에 다름 아니다', '에 있어(서)'라는 표현은 일본어에서 들어온 문구다. '에 대해', '에 대한', '에 관해' 등은 영어를 직역한 듯한 표현으로 무의식적으로 남용하는 경향이 있다.

이처럼 글을 쓰는 사람이라면 우리말을 살려 쓰려는 노력이 필요하다. 교과서나 논문에서는 '하여', '하였다'라는 표현이 자주 보인다. '해', '했다'라는 일상어로 바꾸어야 한다.

가려 쓰지 않으면 다른 의미로 쓰이게 되는 단어들이 많다. '로서'와 '로써', '이따가'와 '있다가', '여부'와 '유부', '띠다'와 '띄우다'처럼 헷갈려서 사용하는 단어들이 많다.

예를 들어 미소를 '띠다'가 옳은 표현이다. 정확한 단어를 사용하는 것은 의미를 전달하는 기본이다. 정확한 생각을 전달하는 경우 부정문보다 긍정문을 쓴다. 문장은 확실하고 간결하게 표현한다.

이해하기 쉽고 군더더기가 없으며 술술 읽히는 것이 좋은 문장이다. 하나의 문장에는 하나의 의미만을 담는 것이 좋다. 한 문단에는 한 가지 화제를 다룬다. 글을 쓸 때, 단어뿐만 아니라 문장, 문단 간의 리듬에도 신경을 써야 한다. 중복되는 어미 사용은 리듬감이 없기 때문에 다른 어미로 바꾸어 문장을 다채롭게 만들어야 한다. 눈으로만 읽지 말고 소리를 내어 보면 지루하게 반복적인지 리듬감이 있는지 확인할 수 있다.

흐름이 달라지는 곳에서 문단 나누기를 해서 읽는 사람이 잠시 쉬어 갈 수 있게 해주면 좋다. 문단을 나누지 않으면 보기에도 답답해 계속 읽고 싶다는 생각이 들지 않고 어디서 생각을 끊어야 할지 판단하기 어렵다.

위대한 작가들의 책을 읽다 보면 누구나 자신만의 스타일을 가지고 싶다는 욕구가 생긴다. 문체를 통해 자신을 증명하고 타인과 차별화된 취향과 인격을 드러낼 수 있다. 글을 쓰기 이전에 세상과 사람을 바라보는 자신만의 관점이 필요하다. 생각 없는 글은 영혼 없는 글과 같다. 독자를 지나치게 배려해서, 자신의 글에 대해 걱정이 많아서 오히려 더 피곤하게 글을 쓰고 있는지도 모른다. 할 말을 다 했으면 그만두면 될 것을 설명하고 또 설명하고. 독자를 가르치려고 하는 잔소리를 그동안 얼마나 많이 했던가를 생각하니 부끄러워진다.

쓰고 싶어서 쓰고 쓰기 싫어도 쓰는 사람이 작가다. 글 쓰는 사람으로 살아가고 싶다면, 기술자들이 쉬지 않고 기술을 연마하듯이 쉼 없이 책을 읽으며 어휘력을 키워야 한다. 좋은 문장의 구조를 익히고 문체를 배우고 따라 하며 자신의 것을 창조해나가야 한다.

글쓰기는 노동이다. 노동자들의 정직한 노동만큼 정직한 글 노동이 우선되어야 한다. 모르는 단어는 자신의 것으로 만들기 위해 노력하고 어려운 책이라면 넘어서기 위한 노력이 필수다. 엉덩이를 붙이고 앉아 견뎌내는 인내는 말할 필요도 없다.

글에는 나의 모든 것이 담긴다는 걸
잊어서는 안 된다

주저앉고 싶을 만큼 힘든 일을 겪을 때 문득 '이 일은 꼭 책에 써야지'라는 생각을 한다. 살면서 고통스러웠던 일, 배신당한 일, 크게 실수한 일 등의 에피소드는 다른 누군가에게는 힘이 되고 시행착오를 줄이게 해준다. 글을 쓰면서 모든 경험과 감정은 소중하다는 것을 깨닫는다. 실패 속에 담긴 희망의 씨앗을 찾아낸다. 더 이상 실패는 실패가 아닌 게 된다.

소설이라고 하면 허구라고 생각하기 쉽지만 소설가들은 자신의 경험 또는 주위에서 일어난 일을 토대로 이야기를 구성하는 경우가 많다.

소설가 안정효는 늘 주위를 둘러보고, 나중에 소설에서 써먹을 정보와 자료를 적어 모아둔다. 동종 직업에 종사하는 사람보다 주차장 관리

인이나 판매사원 등 보다 솔직하게 살아가는 사람들과 가까이 지낸다. 사람들은 자신에게는 관대해도 타인에 대해서는 지나칠 정도로 비판적이어서, 소설 속에 나오는 실제와 다른 사건이나 사물에 대해 민감하게 반응한단다. 소재에 따라 사실 확인은 반드시 필요하고 소설 속 장소 묘사를 위해 직접 방문해서 취재하거나 필요하면 그 곳에서 집필했다. 종종 실패한 작품들은 직접 경험하지 못한 이야기였다고 한다. 사실만을 보도해야 하는 언론인이 독자와 시청자의 몫인 '비판'까지 하려고 해서는 안 된다는 말에 공감이 된다.

어떤 장르의 글을 읽든 독자들은 그 이야기가 완벽한 현실이라는 믿음이 갈 때 작품 속에 몰입한다. 실제로 경험한 이야기만큼 힘 있는 글은 없다. 대부분의 사람들은 자신이 경험한 일들을 사소하게 생각하기 쉽다. 같은 경험일지라도 느끼는 감정은 다르다. 글을 쓰는 사람에게 일어나는 모든 일들은 글의 소재가 될 수 있다. 소설 쓰기에 관심이 있는 독자라면《안정효의 글쓰기 만보》를 추천한다. 단어에서 시작해 문장 쓰기, 단락 만들기, 인물 구성, 단편소설을 쓰는 과정으로 점진적으로 차원을 높여 가르쳐준다.

계속해서 다양한 분야의 책을 읽고 쓰다 보니 이전에는 관심이 없었던 장르에도 관심이 간다. 시는 어떻게 쓰는지, 소설은 어떻게 만들어지는지 등 써보지 않았던 장르의 글쓰기에도 관심을 가지고 배우고 있는 내 모습을 발견한다. 모든 장르의 글은 결국 독자를 '감동'시키는 것을 목표로 한다. '독자의 마음을 사로잡는 글쓰기는 평생 배워도 모자라지 않을까?' 하는 생각이 든다.

글을 쓰는 사람들과 서로의 글을 읽고 평가를 해주는 시간을 가진 적이 있다. 주관적인 관점에서 글을 써내려 가다 보면 자신이 만들어놓은 틀 안에 갇혀 판단이 흐려질 때가 있다. 신기한 것은 글을 읽는 사람들도 자신이 살아온 환경과 경험에 따라 다양한 반응을 보인다는 점이다. 글을 통해 글을 쓴 사람에 대해 알 수 있듯이, 읽고 평가하는 사람에 대해서도 알아갈 수 있다는 점에서 의견을 나누고 소통하는 시간이 특별하게 느껴진다. SNS나 블로그, 브런치, 다양한 커뮤니티 사이트 등에 글을 올려보고 어떤 글이 반응이 좋은지 확인해보면 도움이 된다.

책을 처음 쓰는 사람에게는 높은 집중력이 필요하다. 여러 권의 책을 쓴 사람들은 나름의 속도로 쓸 때마다 필요한 집중력을 끌어다 쓸 수 있다. 글을 쓰는 습관이 몸에 배었기 때문이다. 처음 쓰는 사람은 쓰다가 포기할 확률이 높다. 끝냈을 때의 쾌감을 맛보지 못했기 때문이다. 무슨 일이든 속도보다는 방향과 질이 중요하지만 책을 처음 쓸 때는 짧은 기간 동안 열정을 담아 쓴 사람들이 감동적인 메시지를 주는 경우가 많았다. 물론 형식은 부족하더라도 말이다. 나는 재능보다 간절함이 앞선다고 믿는다.

노희경 작가는 "내가 쓴 이야기는 과연 내가 행동하는 이야기인가?" 하는 생각을 해본다고 한다. "말로 글을 선택하지 말고 그 사람의 행동으로 책을 선택한다면 훨씬 더 감동이 있을 것이다."라고 말한다. 그녀는 어릴 때 친구가 없어서 책이 친구였고 어머니가 없는 지금은 책이 스승이라고 한다.

20년간 외화의 자막을 번역한 외화번역가 이미도 씨는 영화를 번역하면서 느꼈던 경험과 감정을 글로 풀어내며 산문을 쓰기 시작했고 2016년부터는 시를 쓰기 시작했다.

"호기심을 키우고 즐기고, 상상을 키우고 즐기며, 창의력을 키우고 즐길 때 우리가 꺼내 드는 위대한 무기는 언어다."

그는 언어력을 키우려면 독서력을 키워야 한다고 말한다. 직접 경험의 한계를 채워주는 다양한 매체를 통해 생각지도 못했던 감정의 변화를 경험하게 되고 간접경험을 통해 스스로 변화할 힘을 얻기 때문이다.

우리는 수많은 경험을 하며 살아간다. 대부분은 시간이 지나면 기억에서 지워지지만 어떤 경험은 노력해도 지워지지 않는다. 기억들을 글로 표현할 때 기억이 의미를 담는 순간이 된다. 그리고 타인에게 줄 수 있는 가치를 함께 만들어낼 수 있다. 글의 표현이 화려하고 매끄럽지 못하더라도 글을 읽었을 때 저자의 생각과 행동이 한눈에 그려지고 감정이입이 되는 경우가 있다. 자기 생각과 경험을 진실하게 담으면 읽는 사람들 또한 그 마음을 느끼게 된다. 글 너머에 존재하는 내 마음의 목소리를 독자들에게 전해줄 수 있다는 사실은 글쓰기에 대한 큰 의미를 준다.

책을 읽다 보면 저자의 생각과 내 생각이 다를 경우 의문이 들 수 있다. '왠지 내가 잘못하고 있는 건 아닐까?' 하는 생각이 드는 것이다. 개인적인 이야기임에도 불구하고 독자는 자신에게 의문을 던진다. 어느 날 독자에게서 온 메일에는 그러한 의문이 담겨있었다. 내게 아무런 도움이 되지 않았던 한 권의 소설책에 대해 지극히 개인적인 생각을 담았는데 그 소설책이 무엇인지 물어봤다. 나에게 도움이 되지 않았다고 해서 다른 사람에게도 그럴 거라는 생각은 하지 않는다.

나에게는 긍정적인 에너지를 주지 못했지만 누군가에게는 위안을 줄 수도 있기 때문이다. 지극히 개인적인 느낌을 책에 담았는데 심각하게 생각하는 독자가 존재한다는 사실에 많이 놀랐다.

그 메일을 읽고 나서 '좀 더 표현을 달리 썼어야했나?' 하는 생각도 잠시 했다. 글을 쓰다보면 이런저런 다양한 반응을 일으킬 것을 모두 예상하며 쓰기가 힘들다. 나 역시 책을 읽으면서 나와 비슷한 사고를 가진 사람들도 만나지만 전혀 다른 관점을 가진 작가들을 만나면서 몰랐던 것을 깨닫기도 하고 관점을 넓히기도 한다. 내가 알고 있었던 것이 전부가 아니라는 것을 새로운 책을 읽을 때마다 느낀다.

글을 잘 쓰고 싶지만 머뭇거리는 사람들은 자신의 상처를 끄집어내어 타인과 공유하는 것에 대한 두려움을 가지고 있다. 사람들이 자신을 어떻게 판단할지를 먼저 생각하는 것이다. 글쓰기를 가장 방해하는 요인이라 할 수 있다. 누군가의 눈치를 보면서 쓰는 글에 진심을 담아낼 수 없다. 읽는 사람의 공감을 얻어낼 수도 없을 것이다.

록 그룹 그레이트풀 데드의 작사가 존 페리 발로는 이런 말을 했다.

"사생활을 보장받을 수 있는 유일한 길은 사생활을 완전히 노출해서

숨길 게 없는 상태로 만드는 것이다."

　나의 실패와 상처를 끄집어내고 제3자의 눈으로 그것을 해석하고 삶의 방향을 다시 잡아가는 과정, 이것이 글쓰기의 가장 큰 매력이자 효과라고 말하고 싶다. 글쓰기를 멈추지 못하는 가장 큰 이유이기도 하다. 내 인생이지만 늘 답을 모르겠고 늘 실수하며 살아가는 나는 이렇게 글을 통해 나의 경험이 가지는 의미와 나의 감정 상태를 재확인한다. 나는 얼마든지 변화할 수 있는 존재라는 전제를 갖고서 말이다. 나 스스로 만들어낸 한계와 편견은 자신의 발목을 잡고 어쩌면 살아가는 내내 자신을 둘러싼 관계에 영향을 미칠지도 모른다. 나는 글을 쓰기 시작하면서 이러한 한계에서 스스로 벗어나기 시작했고 가족들을 의식하고 주변을 의식하며 쓰지 않겠다고 다짐했다.

　글을 쓸 때, 화가 난 상태로 정서적 안정을 줄 수 있는 글을 쓸 수 없고, 마음이 닫혀있는 상태에서 시야를 넓혀주는 글을 쓸 수 없다. 글을 쓸 때의 내 감정에 관심을 가져보자. 독자들에게 전해주고 싶은 감정의 느낌이 있다면 그 느낌으로 자신을 먼저 채우고 써보자. 내 감정에 솔직하지 못한 채로 내 글이 상대방의 마음에 가닿을 수 없을 테니.

특별하지 않는 일상 속에서도
낯선 시선으로 바라볼 수 있다면

아들은 늘 바쁘다. 어제는 유튜브 촬영을 위해 A4용지 두 장 분량의 대본을 순식간에 썼다. 어떻게 방송할 이야기를 대본으로 쓸 생각을 했냐고 물었더니 자주 보는 유튜브 채널의 개그맨들이 하는 방식을 모방한 것이었다. 그들이 방송했던 내용을 기억해두었다가 살짝 바꾸어서 작성했다. 보지 않았다면 혼자서 방송 대본을 쓸 수 있었을까?

아들의 또 다른 취미는 그림책 만들기다. 종이를 이어 붙여서 만든 모양이 어설프다. 자신이 원하는 크기와 분량의 그림책을 만들기 위해서다. 책을 읽고 느낀 점을 글과 그림으로 표현한다. 그림책을 보다가 만들고 싶다는 욕구가 생긴 것이다. 한 권을 완성하면 내게 보여주는데 그럴 때 나는 칭찬을 아끼지 않는다. 칭찬을 받기 위해 다음 책은 더욱 신경을 써서 만든다. 그림책을 통해 아들이 어떤 생각을 하는지 자연스럽게 알게 된다. 일상에서 모방의 힘으로 다양한 창조활동을 하는 아들에게서 매일 배운다.

　필자는 어릴 때부터 예쁜 엽서를 모으는 취미가 있다. 서점이나 문구점, 바자회, 행사 등에서 독특하거나 마음에 드는 엽서가 보이면 구입했다. 친구나 연인에게 생일이나 연말에 손 편지를 써서 마음을 전했다. 좋아하는 시를 옮겨 써서 선물하기도 했다. 한 글자씩 펜으로 눌러 쓰면서 사랑하는 사람들에게 내 마음을 전했다.

　엽서 수집은 좋은 문장 수집, 글을 위한 자료 수집으로 이어졌다. 신문이나 잡지를 보다가 글에 쓸 자료를 모으고 책을 읽다가 우연히 발견한 좋은 문장이나 단어들을 저장해둔다. 내 마음을 훔친 문장에 밑줄을 긋고 표시해두거나 따로 모아두면 그 문장을 응용해서 좋은 문장들을 만들 수 있다. 몰랐던 표현들을 하나씩 알아가는 재미가 쏠쏠하다. 글을 쓰는 데 관심 있는 독자라면 책 읽을 때 좋은 문장을 수집한다는 생각으로 읽어보길 바란다. 이전과는 다른 독서가 된다. 일상을 살아가다가 누군가에게 들었던 좋은 말들도 흘려보내지 말고 수첩에 기록해두면 글을 쓸 때 활용할 수 있다. 습작을 통해 유명작가들의 문체를 따라 해 보는 과정을 거친 후 자신만의 문체를 찾게 된다.

　우리는 하루에도 수 만 가지 생각을 하며 살아간다. 그런데 그 생각들을 말로 표현하는 것은 쉽지 않다. 수많은 오해가 낳은 이별들이 그것을 증명해주는 것 같다. 진심을 전하지 못해 인연을 이어가지 못하는 사람들이 얼마나 많은가. 사랑한다고, 미안하다고 말하지 못해 후회하는 사람은 또 얼마나 많은가. 말로 표현하는 것보다 더 어려운 것이 글로 표현하는 것이기에 우리는 생각 연습부터 해야 하고 말로 표현하기를 그리고 글로 표현하기를 연습해야 한다. 다른 사람의 표현 방식을 따라 하면서 배우고 자신만의 방식을 만들어가야 한다.

독서만을 목표로 하는 사람과 글을 잘 쓰기 위해 독서를 하는 사람은 다르다. 글을 쓰기 위해 독서를 하는 사람은 다양한 기법을 배우고 몰랐던 새로운 단어, 표현력을 익히기 위해 읽는다. 작가의 관점에서 책을 읽어야 한다. 마냥 책이 주는 즐거움에만 빠져있어서는 안 될 것이다.

스티브 킹은 《유혹하는 글쓰기》에서 이런 말을 했다.

"책을 별로 안 읽는(더러는 전혀 안 읽는) 사람들이 글을 쓰겠다면서 남들이 자기 글을 좋아할 거라고 생각하는 것은 정말로 터무니없는 일이다. 그러나 나는 그런 사람들을 많이 보았다. 어떤 사람들은 나에게 작가가 되고는 싶지만 '독서할 시간이 없다'고 말할 때마다 꼬박꼬박 5센트씩 모았다면 지금쯤 맛있는 스테이크를 즐길 수 있었을 것이다. 이 문제에 대하여 좀 더 솔직하게 말해도 될까? 책을 읽을 시간이 없는 사람은 글을 쓸 시간도 (그리고 연장도) 없는 사람이다."

모두가 자신에게 주어진 환경 속에서 다른 삶을 살아간다. 책을 읽지 않고서 원하는 때에 현실이 아닌 다른 세상으로 옮겨가기란 쉽지 않다. 나는 책을 통해 다양한 곳으로 여행을 하고 나와 다른 삶을 살아가는 수많은 사람들의 삶 속으로 뛰어든다. 책을 통해 과거와 미래를 넘나드는 엄청난 시간 여행을 한다. 그 속에서 내가 가야할 길을 찾는다.

제임스 스콧 벨은 그의 저서 《작가가 작가에게》에서 문장력 향상에 대해 이런 조언을 한다.

"먼저 자신이 존경하는 작가들이 쓴 소설들을 찾아보라. 그리고 그들의 책에서 정말로 가슴을 울리는 문단이나 페이지들을 찾아보라. 그중 가장 돋보이는 페이지들을 노트의 '좋은 사례' 부분에 베껴 써라. 좋은 사례들을 지속적으로 찾아내 한 글자씩 베껴 쓴 다음에는, 그것들을 크게 소리 내어 읽어보라."

항상 메모지를 가지고 다니면서 자신의 내면적인 글쓰기에 도움이 되어줄 어떤 리듬과 가능성을 포착하라고 말한다. 이런 과정을 통해 문장력이 충분히 강화될 수 있다는 것이다. 나는 이런 조언이 단지 소설가가 되기 위한 사람들에게 국한된다고 생각하지 않는다. 글을 잘 쓰고자 하는 사람이라면 반드시 모방을 통한 배움의 과정을 가져야 한다. 출간을 위해 소설을 쓰든, 에세이를 쓰든, 그저 잘 쓰고 싶은 사람이든 말이다. 우리가 대단하다고 생각하는 위대한 작가들도 대단하지 않은 초기 시절이 있었다는 것을 기억하자. 글쓰기 능력은 별 볼 일 없는 글을 얼마나 오래 단련하며 쓰느냐에 달렸다.

독서를 즐겨하는 사람들은 늘 펜을 옆에 두고 책을 읽는다. 책에 밑줄을 그어가며 읽지만 그 내용을 반복해서 읽는 사람은 거의 없다. 인상 깊거나 감동하였던 글귀를 메모해두고 여러 번 읽는 습관을 지닌다면 나름의 글쓰기 실력을 키우는 데 큰 도움이 될 것이다. 나 역시 책을 읽거나 드라마를 볼 때도 좋은 글, 좋은 대사를 메모해 두는 습관을 가지고 있다. 적재적소에 맞는 글을 쓰기 위해 일상에서 사소한 노력들은 지속하여야 한다.

모방을 통한 훈련으로 오히려 자신감이 하락하는 사람들이 있다. '나는 절대 이렇게 좋은 글을 쓸 수 없을 거야!'라는 결론에 이르는 경우다. 책을 쓰던 사람들이 이런 생각으로 완성된 원고를 묻어버리는 경우를 많이 봤다. 타인의 글은 위대해 보이지만 자신의 글은 보잘것없다 느낀다. 존경하고 배우고 싶은 작가들의 글을 읽으면서 배움을 얻기 위해 필요한 것은 결국 정신력이라는 생각이 든다. 간결한 문장을 쓰는 연습부터 주제를 가지고 긴 글을 쓸 수 있을 때까지 연습만이 답이다. 아무것도 하지 않으면서 끊임없이 비교하며 좌절할 필요가 없다. 매일 조금씩 나아지고 있다는 사실만이 중요하다.

나는 잠들기 전 감사 일기를 쓰면서 마음에 와 닿는 명언 한 줄을 써본다. 표현이 주는 느낌과 의미를 생각하는 시간을 가져본다. 타인과 공유하며 함께 나누고자 한다. 비슷한 삶을 살아간다고 해서 그 안에서 느끼는 감정, 배움이 모두 같을 수는 없다. 같은 일을 하더라도 그것을 받아들이는 태도, 성장속도는 모두가 다르다. 그 누구도 같은 인생을 살아갈 수 없다. 하루 10분 감사 일기는 적은 시간을 투자하는 일상의 노력이지만 3년, 5년이 모였을 땐 엄청난 변화를 가져온다. 생각하고 표현하고 쓰는 모든 능력에 더 가까이 다가가도록 해준다.

많이 읽고 많이 보고 많이 듣는 과정은 우리 삶에 반드시 필요하다. 오래두고 또 읽어지는 책이 있다면 그 책 속의 수많은 표현들을 따라 적어보는 것도 많은 도움이 될 것이다. 글을 잘 쓰기 위해 모방이라는 성실함을 통과할 수 있는 사람만이 자신만의 글을 써낼 수 있다. 당연하게 생각했던 것을 다르게 바라볼 때 새로운 소재의 글을 쓸 수 있다. 특별하지 않은 일상 속에서도 무언가를 낯선 시선으로 바라볼 수 있다면 남들과 다른 글을 쓸 수 있다. 계속해서 글을 쓰고 싶다면 글의 샘이 마르지 않고 흘러넘칠 수 있도록 쉬지 않고 독서를 해야 하고 오래 생각하고 글로 표현하기를 게을리하지 말아야 한다.

004

글을 잘 쓰기 위한
지름길 같은 것은 없다

'나도 장사나 해볼까, 나도 작가나 해볼까' 하고 시작하는 사람들을 지켜보면 진득하게 준비하며 칼을 가는 사람이 드물다. 시간이 얼마 지나지 않아 원래의 자리에 서 있는 모습이다. 그들은 그 일을 너무 가벼이 여기고, 죽을 각오 없이 나섰기 때문에 현재의 삶을 넘어서지 못한다. 글은 새로운 도전이다. 쓰면 쓸수록 자신을 알게 된다. 글을 쓴다는 것은 자신의 인생을 살겠다는 의지다.

한승원은 그의 저서 《한승원의 글쓰기 비법 108가지》에서 글을 쓰는 사람들에게 이런 말을 한다.

"글을 쓰는 사람들은 세상의 어둠을 읽어내는 눈을 가지지 않으면 안 된다. 또한 그 어둠을 빛으로 승화시키는 의지를 가져야 한다. 더욱 좋은 글을 쓰는 사람은 사람들이 만든 빛이 만드는 어둠을 읽어내는 눈을 가져야 한다."

그는 육체와 영혼을 다스리기 위해 고전을 읽고 명상을 해야 한다고 강조한다. 또 "글을 쓰려 하는 사람의 생각이 가볍고 막히는 것은 책 읽기가 부족한 까닭이다. 책 읽기가 부족한 까닭은 시험을 잘 치르기 위한 공부만을 한 때문이다."라고 일침을 가했다.

나는 매일 책을 부지런히 읽지만 속도는 느린 편이다. 페이지가 넘어가는 시간보다 생각하는 시간이 많다. 술술 넘어가는 책보다 자꾸만 생각하게 만드는 책, 내 인생을 붙잡으라고 말해주는 책이 좋다. 그런 책들을 많이 읽다보면 글을 쓸 때는 거침없이 써진다. 독서의 시간보다 사유하는 시간이 많아야 함을 자연스럽게 깨우친다.

내가 아는 작가 한 명은 처음에 책을 쓸 때 자신감이 많이 부족했다. 글은 거의 써보지 못했기 때문에 자신의 이야기를 쓴다는 것이 쑥스럽기도 하고 누가 읽어 봐줄까 하는 의문이 들었다. 나는 그의 글을 읽고 적잖은 감동을 받았다. 맞춤법이 틀리고 표현이 서툴렀지만 글 속에 삶에 대한 열정이 담겨있었다. 나는 첫 독자로서의 느낌을 솔직히 전했고 이후에 그는 큰 자신감으로 계속해서 써나갈 수 있었다. 타인을 의식하지 않고 글에 집중하면서 자신의 경험 하나하나가 얼마나 소중한 가치를 지녔는지 깨달았다.

동대문에서 장사한 이야기, 재판을 하면서 만난 사람들이야기, 학교에서 아이들을 가르치면서 겪은 에피소드, 평범한 결혼 생활에서 얻은 깨달음, 오랜 직장생활에서 얻은 노하우, 여행 이야기 등 책을 쓰는 주제도 다양하다. 누구나 자신의 삶에서 얻은 것을 타인과 나누고 싶은 욕구가 있다. 쓰지 않았다면 그냥 흘러버릴 소중한 이야기는 누구나 가지고 있다. 처음에 글을 쓸 때, 자신에 대해 쓰는 일이 가장 어렵다. 누군가 정해준 주제에 맞게 글을 쓰거나 책을 읽고 독후감을 쓰는 것이 자연스럽지 자신의 이야기를 써 본 경험이 별로 없기 때문이다.

"자신에 대해 글을 쓴다면 당신이 대상으로 삼고자 하는 모든 이들에게 닿을 것이다."

윌리엄 진서의 말이다. 자신의 이야기를 쓰는 것은 앞으로 나아가기 위해서다. 살아온 시간을 돌아보며 글로 철저하게 파헤치다 보면 앞으로 나아갈 방향에 대해 단서를 얻을 수 있다. 가슴 뛰게 하는 내 길을 찾게 된다. 과거를 떠올리더라도 과거 속에 머무르지 않고 내가 될 수 있는 것과 될 수 없는 것에 대해 고민해볼 수 있다.

중학교 시절에 썼던 일기를 고등학생 때 다시 읽어보았던 기억이 난다. 적잖은 충격을 받았다. 별거 아닌 일로 아주 심각하게 그리고 세세하게 일상을 기록해두었기 때문이다. 언제 상처받았는지, 왜 마음이 아픈지, 내가 원하는 것은 무엇인지 구체적으로 적혀있었다. 가장 순수했던 시절에 마음에 와 닿았던 시를 발견하며 나는 어떤 생각의 소유자였는지 알았고 나를 더 이해할 수 있는 시간을 가졌다. 현실의 고통은 머

무르는 것이 아니라 내가 원하는 방향으로 이끌 수 있다는 것을 시간이
지난 후에 깨달았다.

"내가 파리에서 미시간 이야기를 썼듯 어쩌면 나는 파리를 벗어난 후에
야 비로소 진짜 파리 이야기를 쓸 수 있을지 모른다. 그것은 내가 파리를
충분히 알지 못했다는 사실을 파리를 떠난 후에야 알게 되기 때문이다."

나탈리 골드버그는 《뼛속까지 내려가서 써라》에서 헤밍웨이의 말을
통해 우리의 지각이나 판단력은 저절로 만들어지는 것이 아니라 우리
의 의식과 육체를 거쳐서 나온 경험에 의해 만들어진다고 설명한다.

글을 쓰다보면 좋은 일도 나쁜 일도 없다는 것을 알게
된다. 좋은 경험들이 쌓여서 새로운 경험을 만들어내고
좋지 않은 경험들은 기대하지 않았던 기회를 만든다. 좋
은 일과 나쁜 일은 시간과 함께 서로 엉키고 엉켜서 글을
쓸 자원이 된다. 인생은 멀리서 바라볼 때 고통을 고통이
아닌 축복으로 받아들일 수 있다는 깨달음을 얻는다.

지금 여섯 번째 책을 쓰고 있지만 이전에는 어떻게 책 한 권을 완성
했는지 기억이 가물가물하다. 한 가지 분명한 것은, 일상에서 글쓰기를
최우선으로 생각하고 자나 깨나 글감을 떠올리고 고민했다는 사실이
다. 원고를 마무리했을 때, 머릿속을 꽉 채웠던 무거운 것들을 싹 비워
버리는 기분이었다. 몰입하고 써내려가고 비우는 과정을 반복하면서
내 인생을 다루는 법에 대해 깨우쳤다. 모든 순간이 소중하다는 것, 절

망의 순간에도 희망은 존재한다는 것을 배웠다.

많은 사람들을 만나다 보면 글을 써보지 않은 사람들조차 죽기 전에 자서전 하나는 꼭 내고 싶다는 말을 한다. 주위 사람들이 나를 알아 주고 기억해주길 바라는 마음에서다. 돈, 명예가 아닌 자신의 삶을 깊이 있게 들여다보고 싶고 자신의 인생을 통해 얻은 것들을 사람들과 나누고자 하는 마음이 있기 때문이다. 의미 있는 자서전이란, 죽기 전에 남기고 싶은 나에 대한 기록이 아니라 남은 인생을 더 잘 살아가기 위해 지난 시간을 돌아보는 일이라고 생각한다. 인생의 하루를 담은 일기도, 한 부분을 담은 에세이도 자신의 이야기를 쓰는 것은 모두 자서전과 다르지 않다. 죽기 전이 아니라 일상에서 자신의 삶을 기록하는 습관을 들인다면 매일 새로운 삶을 살아갈 수 있다고 믿는다.

글을 잘 쓰기 위한 지름길 같은 것은 없다. 잘 살기 위한 길이 정해져 있지 않은 것처럼. 사람들에게 글쓰기를 권하는 가장 큰 이유는 자신의 내면 깊은 곳까지 내려갈 기회를 주기 때문이다. 대부분의 사람들은 자신에 대해 잘 알지 못한 채로 생을 마감한다. 특별한 인생과 평범한 인생이 존재하는 것이 아니다. 자신의 인생을 가치 있게 바라보는 사람과 보잘것없다고 생각하는 사람만이 존재한다. 할 수 있는 한 온 힘을 다해 자신의 진짜 모습에 가까이 갈 수 있다면 평범한 일상에서도 기적을 만날 수 있다. 인생은 고통일 뿐이라는 생각이 든다면 단 한 순간만이라도 내면에 집중해서 자신에 대해 글을 써보았으면 한다.

글쓰기는 자신의 내면으로 들어가는 여행이다. 사람들은 당장의 현실을 바꾸기 위해 외부의 변화가 필요하다고 생각하지만 내면을 바꾸면 환경이 달라진다. 나는 복잡한 일이 발생했을 때 생각을 정리하기 위해서 글을 쓰기도 하고 좋은 일이 있을 때 느낌을 기록하기도 한다. 평범한 일상에서 감사해 하기 위해 쓰기도 하고 인간관계에 문제가 생겼을 때 마음을 가라앉히기 위해 쓰기도 한다. 글을 쓰다 보면 현상이 아닌 자신에게 집중하게 되면서 마음이 차분해진다. 견딜 수 없을 것 같았던 고통도 견딜 수 있게 된다.

글 쓰는 즐거움에 빠지면 시간을 허비하는 일이 없다. 길을 걷다가 글감이 떠오르기도 하고 지하철 안에서 다음에 쓰면 좋을 것 같은 주제가 생각날 때도 있다. 언제 어디서나 메모할 수 있도록 외출 시에는 작은 수첩과 필기구 하나쯤은 꼭 챙긴다. 모든 일상이 글쓰기와 연결된다. 책상에 앉아 키보드를 두드리다가 허리가 너무 아프면 엎드려서 노트북을 두드리기도 한다. 특히 책을 쓸 때는 띄엄띄엄 쓸 수가 없기 때문에 체력이 부족하다 느껴질 때도 있다.

누구나 자신의 삶을 써내려가는 작가다. 글을 쓰든 쓰지 않든 자신이 의도하는 바대로 우리는 살아간다. 물론 의도치 않은 일이 시시때때로 발생하지만 그래서 인생은 살아볼 만한 것이 아닐까. 글로써 자신의 삶을 써내려 갈 줄 아는 사람이라면 적어도 인생에 대한 작은 기대감은 가지고 살아갈 수 있을 것이다.

하나의 주제로 짧은 에세이를 쓴다면 주제를 떠올렸을 때 가장 먼저 생각나는 것에서 시작한다. 떠오르는 사람이나 사물, 장소 등에서 이야기를 시작하면 쉽게 풀리는 경우가 많다. 비가 올 때, 창밖을 내다보면서 첫사랑을 떠올린다면 그 사람과 함께 했던 장소, 나누었던 이야기

등이 함께 생각날 것이다. 글을 쓰지 않는다면 그저 막연하게 생각하다 마는 장면들이 글을 통해 어제 일처럼 구체적이고 생생하게 느껴지는 경험을 하게 된다. 깊이 있게 생각하는 습관이 들여지면 어떤 주제로 글을 쓰든 원하는 곳으로 깊숙이 들어갈 수 있다. 그때의 '나'와 다시 만나는 여행이 시작된다. 아무것도 아니라고 생각했던 순간들이 내 인생에서 반짝이는 순간이었음을 깨닫게 된다.

가끔 글을 쓰다 보면 눈물이 날 때가 있다. 나를 만나러 가는 길에 즐거움만 있는 것은 아니다. 고통스러웠던 나, 아팠던 나, 슬펐던 나를 만나게 되면 눈물이 난다. 이미 흘려보냈다고 생각했던 기억들을 다시 글에 담아 떠나보낸다. 인생은 죽는 순간까지 자신과의 싸움에서 이겨내는 과정이다. 고통스럽다면 그것을 넘어서야 한다. 치열하게 글을 썼던 순간들은 언제나 나를 살게 해주었다.

우리는 저마다 다른 모습으로 살아가고 있지만 삶 안으로 깊숙이 들어가 보면 비슷한 부분이 많다. 행복을 느끼는 순간, 슬픔을 느끼는 순간, 좌절감을 맛보는 순간이 크게 다르지 않다. 원하는 삶의 모습도 비슷하다. 나와 다른 인생을 살아가고 있는 사람들의 이야기 속에서 내 모습을 발견하고 공감할 수 있는 이유다.

내게 시간이 얼마 남지 않는다면 남은 내 인생을 기록할 것이다. 더 몰입해서, 더 빠르게 써내려갈 것이다. 평생 글쓰기를 멈추지 않는 작가들이야말로 평생 꿈을 잃지 않고 살아가는 사람들이 아닐까. 로버트 루이스 스티븐슨은 "우리는 돈을 받는 대신 자유로 그 대가를 치른다."는 말을 했다. 폴 오스터는 이런 말을 했다. "글을 쓰는 것은 즐겁지 않다. 괴롭고 고단하며 매 순간 자신의 재능을 의심하며 좌절감을 느낀다. 그러므로 만족이나 승리의 기쁨을 맛볼 수가 없다. 문제는 글을 쓰지 않을 때가 훨씬 힘들다는 것이다. 글을 쓰지 않으면 자신이 낙오자로 느껴질 뿐만 아니라 인생에 대한 의미를 상실하기 때문이다." 물질적인 가난보다 영혼의 결핍이 훨씬 고통스러운 사람들이 진짜 작가가 아닐까 하는 생각이 든다.

너무 힘들고 너무 고통스러워서 허무함이 밀려올 때 글을 써보라. 당신의 글이 당신을 이해시킬 때 마음이 한결 편안해지는 것을 느끼게 될 것이다. 살다 보면 내 마음을 제대로 알아주는 사람 한 명 없다고 느낄 때가 많다. 누군가의 삶을 살아보지 않고서 제대로 안다고 말할 수 없듯이 내 마음을 뼛속까지 알아주고 이해해줄 사람은 세상 어디에도 없는 것이다. 글을 쓰면 외롭지 않다. 어떤 때는 너무 집중한 나머지 현실 감각이 순간적으로 떨어질 때가 있다. 마치 꿈을 꾸는 것처럼 착각하기도 한다.

글쓰기는 일상의 단조로움에서 벗어날 수 있는 아주 멋진 방법이다. 멀어졌다 다시 가까워지며 현실에 더욱 충실한 삶을 살게 된다. 글쓰기로 마음에 겹겹이 쌓여있는 것들을 벗겨낼 수 있다. 적어도 글을 쓰는 동안은 삶이 멈추어 있지 않다는 것을 느끼게 된다. 열정적으로 누군가를 사랑해본 적이 없는 자는 인생의 절반을 모르는 것이라던 스탕달의 말을 이렇게 바꾸고 싶다. "열정적으로 자신의 삶을 써내려가지 않는다면 인생의 절반을 모르는 것이다."라고.

005

글 솜씨를 고민하기 전에
먼저 해야 할 마음 들여다보기

'사람이 사람에게 기적이 될 수 있을까?'

요즘 매일 떠올리는 말이다. 〈동백꽃 필 무렵〉이라는 드라마가 나를 웃기고 울리고 설레게 한다. 사람이 사람에게 주는 위로의 힘을 보여준다. 책을 좋아해서 작가가 되고 싶었고 드라마를 좋아해서 드라마 작가를 꿈꾼다. 사회적 편견을 깨고 어둠 속에서 빛을 찾게 하는 그런 드라마를 언젠가 꼭 쓰고 싶다.

"칼을 들고 살인을 저지르려고 하는 사람이 내가 쓴 드라마를 보고 그 칼을 내려놓을 수 있는 그런 드라마를 쓰고 싶다."

내가 아는 드라마 작가 한 분은 이런 마음으로 드라마 대본을 쓰기 시작했다. 드라마를 쓰는 사람은 대사 하나에도 사람들에게 미칠 영향을 생각해서 욕설은 되도록 자제하고 폭력적인 것보다 따뜻하고 긍정적인 영향을 줄 수 있는 소재를 선택해야 한다고 말한다. 그리고 사람들에게 따뜻한 시선으로 관심을 가지고 살아가야 좋은 작가가 된다고. 결국 잘 살아야 잘 쓸 수 있다는 것을 말하고 있었다.

어떤 장르의 글을 쓰든 마찬가지다. 나쁜 경험이든 좋은 경험이든 그 안에서 긍정의 씨앗을 발견할 수 있는 눈을 가져야하고 그것을 표현해 내는 능력을 가져야 좋은 작가가 될 수 있다. 쓰면 쓸수록 삶을 살아낼수록 부족하다는 것을 느낀다. 배울 수 있는 길이 무궁무진하다는 사실에 감사하다.

독자분이 보낸 장문의 편지로 하루를 시작한다. 2년 전에 내 책을 읽고 만나고 싶다는 생각을 했는데 편지로 대신한다고 했다. 그에게는 아픈 아들이 있다. 죽기 전에 아들을 자립시키기 위해 퇴직 후 안 해본 일이 없다고 한다. 간절한 마음이 전해졌다. 창업에 대한 조언을 얻고 싶다는 말에 정성껏 답장을 보냈다. 진심은 마음을 움직이는 가장 강력한 무기다. 보잘 것 없는 내 글이 작은 힘이 될 수 있기를 바란다.

언젠가 얼굴도 모르는 사람에게 따뜻한 위로의 편지를 받은 적이 있다. 아이를 낳고 산후우울증이 심할 때, 친구에게 메일을 보냈다. 오래 보지 못했던 친구에게 마음을 담아 편지를 썼는데 친구에게 전해지지 않았다. 메일 주소가 잘못 되었던 것이다. 하지만 메일을 읽은 알지 못하는 사람이 내게 말을 걸었다. 말하지 않아도, 친구도 내 마음을 알 거라고 위로의 말을 해주었다. 얼굴도 모르는 사람에게서 나는 위안을 얻었고 다시 힘을 낼 수 있었다.

글을 쓸 때 나와 독자와의 사이에 거리가 있다는 것을 인정하고 그것을 염두에 두고 글을 쓴다. 나와 다른 환경에서 살아온 사람, 다른 가치관을 가진 사람들이 많다는 것을 알기 때문에 늘 조심스럽다. 어느 한쪽에 치우치지 않는 생각으로, 나와 다른 사람들을 배제하지 않기 위해 신중해진다. 단 한 가지 내가 확실히 아는 것이 있다면 마음을 다해 이야기하면 독자들의 마음에 가까이 다가갈 수 있다는 것이다. 내 글을 읽어줄 독자에 대한 사랑이 없었다면 지금까지 글을 쓰지 못했을 것이다. 글은 마음을 따라오지 못한다. 하지만 글에 마음을 담기 위해 노력해야 하는 사람이 바로 작가라고 생각한다.

어릴 때부터 떨어지는 낙엽에도 눈물이 날 만큼 감성적이었던 나는 마음만은 그때와 다르지 않다. 내 마음의 움직임에 귀 기울인다. 일상에서 놓치고 있는 것은 무엇인지 생각하고 또 생각한다. 생각 연습을 위해 매일 노력하는 것이 있다. 매일 시를 읽는다. 짧은 글 속에 인생을 담아내는 시는 내게 많은 배움을 준다. 얼마 전에 시집을 출간했던 분이 한 권을 보내줬다. 깊이 있는 깨달음을 글 속에 녹여냈다. 어떤 삶의 조각들이 그를 시인으로 만들었을까 궁금해졌다. 글을 읽는 사람과 쓰는 사람에게 필요한 것은 세상에 대한 그리고 사람에 대한 호기심이 아닐까. 세상에 무심하지 않은 것, 사람에게 무관심하지 않은 태도가 서로를 만나게 해 줄 테니까.

요즘 SNS를 통해 사람들과 소통하는 즐거움이 좋다. 오늘은 호주 시드니에서 독자분이 댓글을 남겨주었다. 책을 읽고 찾아왔고 나중에 성공해서 강연가로 초대하겠다는 말을 했다. 한 줄의 글에서 따뜻한 마음이 전해졌다. 그녀는 오랜 시간 호주에서 간호사로 일하고 배우며 간호사를 꿈꾸는 유학생들에게 도움을 주고 있었다. 해외에서 이렇게 메시지를 주는 독자분들께 감사하다. 나와 상관없어 보이는 타인이 어느 날 갑자기 내 마음에 들어올 때가 있다. 우리는 이렇게 마음만 먹으면 언제든지 연결될 수 있는 관계다.

SNS로 자주 소통하던 분을 만났다. 알고 보니 가까운 곳에 사는 분이어서 주말에 카페에서 잠시 보기로 했다. 출간된 책을 읽고 다른 책도 구입해서 읽으며 꼭 한번 만나고 싶다는 마음을 전했던 분이다. 우리는 처음 만났지만 낯설지도 불편하지도 않았다. 우리는 인생에서 책이 주는 의미에 대해 많은 이야기를 나누었고 책을 즐기는 친구들이 주위에 많지 않다는 것에 대한 안타까움을 공감하고 있었다. 책을 통해 인연을 만들어가는 것이 얼마나 소중한지 모른다. 마음으로 더 가까이 다가갈 수 있는 책을 써야겠다고 다짐했다. 알지 못했던 사람들과 더 많은 소통을 하기 위해 마음을 다해서, 진심으로 말이다.

가까운 사람에게 상처 주는 말은 여러 번 고민하지 않고 던지는 말이다. 예전에는 누군가 내게 상처 주는 말을 하면 나도 상처 주고 싶었다. 화를 내면 똑같이 되돌려주고 싶었다. 지금은 아니다. 화가 나면 화를 먼저 가라앉히고 생각을 한다. 가끔은 침묵하는 것이 상대방에게 도움이 된다는 것을 알게 되었다. 자신에게 줄 사랑이 없어서 타인의 마음에 상처내는 사람들이 있다. 결국 상처 입는 사람은 자신이라는 것을 모르고 소중한 시간을 허비하고 시간이 흐른 후 후회하는 과정을 반복한다. 사람은 쉽게 변하지 않는다. 내 가족, 주위 사람들을 보면서 인정할 수밖에 없었다. 변화를 원한다면 남이 아닌 나 자신이 바뀌어야 한다는 것을 깨달았다.

책을 읽고 글을 쓰면서 생각과 행동이 변했다. 마음만 먹으면 이해하지 못할 사람이 없다는 것을 알았으니 큰 수확이다. 살면서 누군가를 원망했던 순간들이 나에 대한 불만의 다른 표현이었음을 알았다. 내가 세상을 바꿀 수는 없지만 사람이 사람에게 기적이 될 수도 있다는 것을 이제는 알겠다.

굳이 책을 쓰지 않더라도 다양한 매체를 통해 자신의 글을 노출할 수 있다. 가끔은 블로그 등에 자신만 볼 수 있는 글을 올리는 사람들이 있다. 별 볼 일 없는 글이기에 혼자 보는 것으로 충분하다는 것이다. 누가 자신의 글을 읽겠느냐는 생각이다. 혼자만의 세상에 갇혀버린 글 쓰는 사람들이 꽤 많다.

사람은 타인에게 선한 영향을 줄 때 만족감을 느낀다. 글도 마찬가지다. 혼자만 보기 위해 쓰는 자기중심적인 글보다 타인을 배려하는 글이 더 좋은 글이다. 사실 자서전을 쓰는 사람들도 혼자서 보기 위해 쓰지 않는다. 타인과 소통하기 위해 쓰는 것이다. 소통을 잘하기 위해 타인을 배려하는 글을 써야만 한다.

독자들은 무조건 자기보다 잘나고 무언가를 주장할 충분한 자격이 있다고 판단되는 사람의 말에만 귀 기울일까? 아니다. 자신과 다르지 않는 평범한 사람이 조금 더 용기를 내어 하는 말에 더 많은 감동을 받는다. '나도 할 수 있다'는 용기를 얻기 때문이다. 그러니 자신을 치켜세우기 위해 글을 써서는 안 되며 독자들에게 도움이 되는 작은 메시지라도 줄 수 있어야 한다.

글을 쓸 때는 친한 친구에게 들려준다고 생각하면서 쓰면 마음이 편하다. 자신의 마음을 움직였던 글은 어떤 글이었는지 떠올려보면 좋다. 책을 읽을 때면 열린 마음으로 배우려는 자세로 읽지 않으면 안 된다. 그런 훈련의 과정을 통해 누군가에게 도움을 줄 수 있는 글을 쓸 수 있다. 그저 읽기 위해 읽는 것과 쓰기 위해 읽는 것은 다르다. 드라마나 영화를 만들기 위해 보는 사람과 그저 즐기고 시간을 때우기 위해 보는 사람이 다르듯이 말이다.

책을 쓸 때, 내 생각이 사리에 맞는 것인지 여러 번 고민하게 된다. 마치 누군가가 내 말을 듣고 있다는 생각으로 그 말을 글로 표현하는 것이 타당하다. 자신에게 집중하지 못하고 독자만을 생각하면 이런저런 생각에 휘둘리기 쉽고, 혼자만의 생각에 빠져서 읽는 사람을 신경 쓰지 않는 것은 독단적인 글을 써낼 우려가 있다.

말이라는 것도 똑똑하고 아는 것이 많다고 해서 듣는 사람에게 설득이 잘 되는 것이 아니다. 어눌하고 뭔가 그럴듯한 단어로 표현하지 않는데도 내 마음에 울림이 있는 때도 있다. 글 역시 마찬가지다. 타인을 이롭게 하려는 마음을 가지고 있느냐는 중요한 문제다. 자신의 또렷한 생각을 표현하되 올바른 생각이어야 한다. 자신을 이해시키지 못하는 글이 타인을 설득할 수는 없다. 유창한 글솜씨보다 중요한 것은 글을 쓰는 사람의 마음이다.

책을 읽고 나서 작가를 꼭 한번 만나고 싶다고 느낀다면 좋은 책이라고 생각한다. 상대방에게 더 가까이 다가가는 글은 멋지게 보이고 싶어서 쓰는 글이 아닌 읽는 사람을 돕고 싶다는 마음에서 비롯된 글이다. 책을 좋아하고 그래서 글을 쓰고 싶어 하는 사람들에게, 힘든 마음을 글로 표현하고 싶은 사람들에게 조금이라도 도움을 주고 싶은 마음으로 글을 쓴다. 글을 통해 변화하기를 간절히 바란다.

독자들은 자신과 다르지 않는 평범한 사람이 조금 더 용기를 내어 하는 말에 더 많은 감동을 받는다. '나도 할 수 있다'는 용기를 얻기 때문이다. 그러니 자신을 치켜세우기 위해 글을 써서는 안 되며 독자들에게 도움이 되는 작은 메시지라도 줄 수 있어야 한다.

006

멈추어있는 삶을
경계하기 위해 써라

언젠가 이화여대 대표 커뮤니티 사이트 '이화이언'에서 인터뷰 요청이
왔다. 《여자 사장, 성공할 수밖에!》를 읽고 나에게 메일을 보냈다. 어떤
내용이 좋았는지, 왜 인터뷰를 하려고 하는지 긴 편지를 썼다. 직접 만
나서 이화여대생들에게 도움이 되는 이야기를 들려달라고 했다. 여자
라서 더 힘든 현실에서 미래를 위해 열심히 살아가고 있는 여대생들을
위해 어떤 말을 해줄까 내내 생각했다.

만나기 전에 미리 보내준 질문지를 작성했다. 승무원 시절부터 내가
살아온 시간들이 모두 담겨 있었다. 질문지를 작성하는 몇 시간 동안
내 인생을 돌아봤다. 비가 억수같이 쏟아지는 날, 우리는 설레는 마음
으로 만났다. 질문지에 모든 이야기를 쏟아 냈지만 그들과 마주하는 순

간, 우리를 감싸는 따뜻한 공기가 더 많은 이야기를 끄집어내 주었다.

내가 하는 이야기를 부지런히 받아 적는 학생들을 통해 나 역시 많은 것을 배웠다. 이런저런 고민이 많은 학생들의 모습에서 과거의 내 모습이 떠올랐다. 대학시절 독서를 많이 하지 못했던 것에 대한 후회를 전했고 좋아하는 일을 찾기 위해 어떤 노력이 필요한 지 알려주었다. 많이 부족한 현실이 아닌 지금 쏟는 열정이 만들어낼 미래에 대한 이야기를 많이 나누었다. 누군가 내 삶에 관심을 가져준다는 것, 공감해준다는 것은 나를 치유하는 과정임을 다시 한 번 느꼈다. 좋은 인연을 만나는 기적은 늘 예고 없이 찾아온다.

다양한 사람들을 만나다보면 꼭 필요한 말만 하는 사람이 있는 반면 구구절절 필요 없는 말을 쉴 새 없이 늘어놓는 사람이 있다. 어쩌면 우리의 인생도 할 필요가 없는 것을 줄여나가면서 진짜 내가 해야 할 일을 선택해가는 과정이 아닐까 하는 생각이 든다. 말과 글과 행동에서 무엇이 중요한 지 가려내는 것부터 시작해야 하지 않을까.

글을 잘 쓰기 위해서는 목적의식이 분명해야 한다. 자신을 끝까지 잡아줄 '글을 쓰는 이유'가 명확해야 한다. 어떤 목적으로 글을 쓰는지, 글을 통해 얻고 싶은 것은 무엇인지, 전해주고 싶은 것은 무엇인지가 분명하지 않다면 글은 자신이 원하지 않는 방향으로 흘러갈 확률이 높다. 생각이 명확한 사람은 글도 명확하다. 꼭 필요한 말을 하면서 필요 없는 단어는 사용하지 않는다. 대개 자신이 무엇을 말해야 할 지 잘 모르는 사람들이 쓸데없는 미사여구를 나열한다.

책을 읽으면 사회 현상에 대해서 옳고 그름을 스스로 판단할 수 있고 세상을 향해 하고 싶은 말이 생겨난다. 제대로 알지 못하면서 잘못되었다고 말하는 사람이 넘쳐나는 세상이다. 제대로 된 판단을 위해서라도 우리는 책을 읽어야 하고 진지하게 고민해야 하며 글을 통해 잘못된 것을 말할 수 있는 자유와 권리를 누려야 한다.

조지 오웰은 전 생애에 걸쳐 인습과 관성을 거부한 작가다. 에세이 《나는 왜 쓰는가》에서 생계를 위한 경우를 제외하고 글을 쓰는 동기를 네 가지로 설명했다. 첫 번째는 순전한 이기심이고 두 번째는 미학적 열정이며 세 번째는 역사적 충동, 네 번째는 정치적 목적이다. 자신은 세 가지 동기가 네 번째 동기를 능가하는 사람이지만 평화로운 시대에 살지 않았기 때문에 화려하거나 묘사에 치중하는 책을 쓰지 않았다고 말한다. 자신은 어떤 종류의 책을 쓰고 싶어 하는지 분명히 알고 있다고 단언한다.

"좋은 산문은 유리창과 같다. 나는 내가 글을 쓰는 동기들 중에 어떤 게 가장 강한 것이라고 확실히 말할 수 없다. 하지만 어떤 게 가장 따를 만한 것인지는 안다. 내 작업들을 돌이켜 보건데 내가 맥없는 책들을 쓰고, 현란한 구절이나 의미 없는 문장이나 장식적인 형용사나 허튼소리에 현혹되었을 때는 어김없이 '정치적' 목적이 결여되어 있던 때였다."

그는 문학적인 본능을 거스르지 않으면서 모든 진실을 말하기 위해 글을 썼다. 기발하게 쓰기보다 정확하게 쓰기 위해 노력했다.

프랑스 소설가 알베르 카뮈는 "명확하게 쓰면 독자가 모인다. 모호하게 쓰면 비평가들이 달라붙는다."라는 말을 했다. 명확한 글을 위해 글의 설계가 필요하다. 글의 성격에 따라 서론-본론-결론, 기승-전-결 또는 발단-전개-위기-절정-결말 등으로 미리 설계하고 시작한다. 핵심적인 메시지를 전해주기 위한 글인지 재미와 감동을 주기 위한 글인가에 따라 설계는 달라진다.

일반적으로 하나의 주제로 글을 쓸 때는 서론-본론-결말의 구조를 따른다. 사실에 근거해서 말하고자 하는 주제를 향해 가는 구조다. 서론은 가볍게 시작해 본론을 읽고 싶게끔 호기심을 유발한다. 본론은 설득을 위한 충분한 근거를 제시하는 과정이다. 하고 싶은 이야기는 마지막에 넣어 읽는 사람이 핵심을 짚을 수 있도록 한다. 쓰기 편한 부분을 먼저 쓰고 자연스럽게 연결 짓는 것도 괜찮다. 서론 쓰기가 너무 어려워 아예 포기해버리는 것보다 낫다. 재미있는 이야기의 구성은 대부분 기-승-전-결 또는 발단-전개-위기-절정-결말의 구조다. 소설이나 드라마, 영화를 생각하면 된다. 이야기가 흥미롭게 진행되다가 이게 끝인가 싶을 때 재미있는 에피소드로 전환되기도 한다. 이야기의 모든 사건과 갈등은 하나의 주제를 전달하기 위해 만들어내는 것이다.

소설가들도 다양한 인터뷰를 하고 사실을 기반으로 비틀어서 글을 쓴다. 조정래 작가는 글을 쓸 때 인터뷰하는데 많은 시간을 소요한다고 말한다. 《천년의 질문》을 쓰기 위해 각계각층의 사람들을 만나며 취재해 수첩 130권에 달하는 자료를 모았다. 매일 11시간씩 집필해 3,612매를 탈고했다. 책과 언론 보도, 현장 취재를 통해 알게 된 내용을 소설에 담왔다. 있었던 일, 일을 수 있는 일들이 총체적으로 들어간다고 말한다.

　김훈 작가는 '디지털 시대, 연필로 쓰기'를 주제로 한 강연에서 "우리 시대에 가장 더럽고 썩어 빠진 게 언어"라며 "사람들은 자기 의견을 사실처럼 말하고, 사실을 의견처럼 말해 말을 할수록 관계는 단절된다."고 지적했다. 자신의 글이 가지는 글의 힘은 '검증할 수 없는 단어를 버리는 것'에서 온다고 말한다. 검증할 수 없고, 자신의 생애로 확인할 수 없는 단어를 절대 쓰지 않겠다는 원칙을 갖고 있다. 그는 지금까지도 연필로 글을 쓰는데 그 이유는, 연필로 글을 쓰면 살아있는 육체가 글을 밀고 나가고 있다는 확실한 삶의 근거를 느낄 수 있기 때문이라고 한다. 글과 삶과 몸이 연필 안에 모여 하나의 실체를 이루는 즐거움을 느낄 수 있다는 것이다.

　우리가 글을 쓸 때는 상대방을 설득하기 위해 쓰는 경우가 많다. 어떤 메시지를 전달하는데 스스로 확신이 없다면 그 이야기를 신뢰할 사람이 있을까? 흥미롭지도 않고 의미 없는 말을 쏟아내는 글에 집중해서 읽을 사람은 없다. 책을 읽다보면 작가가 어떤 성향의 사람인 지 드러난다. 우유부단한 사람인지, 자기 생각이 분명한 사람인지, 자신의 머릿속이 복잡한 사람인지 말이다. 스스로 자신을 믿지 못하면서 타인에게 자신의 말을 믿으라고 할 수 없다. 타인을 설득하는 글은 자신을 먼저 설득할 수 있는지 점검해야 한다. 작은 결정에도 확신을 하지 못하는 사람이 있다. 단지 성격의 문제라고 생각하지 않는다. 경험의 부족일 확률이 높다. 살아있는 경험을 넘어서는 지식은 없다. 누군가에게 배우지 않더라도 스스로 깨달을 수 있는 방법이다. 다양한 경험을 통해 생각이 점차 명확해진다. 직접 경험에서 부족한 부분은 책을 통한 간접 경험의 도움을 얻으면 된다. 그러니 글을 쓰기 이전에 다양한 경험을 해보았으면 한다.

생각을 글로 표현하는 것이 끝이 아니다. 퇴고의 과정에서 생각보다 많은 것을 얻게 된다. 글은 퇴고의 과정을 통해 완성된다. 집중해서 글을 쓴 후 휴식의 시간을 가져야 한다. 시간이 지난 후 꼼꼼하게 확인하면서 한 번 더 정리하는 과정을 거친다. 여러 번의 퇴고가 필요할 수도 있다. 출력해서 소리 내어 읽어보면 쓸 때는 보이지 않았던 문제점들이 보인다. 글을 쓰다 보면 주제와 상관없는 이야기로 빠지는 경우가 있다. 그러한 부분을 삭제하고 필요하다면 다른 이야기로 보충하는 작업이 필요하다. 너무 길어서 호흡이 힘든 문장은 짧게 나누고 맞춤법 확인을 한다. 끈기를 가지고 수정 과정을 거치면 보잘 것 없었던 글이 눈부시게 발전한 모습을 볼 수 있을 것이다.

"어떻게 하면 글이 잘 써질까요?"라고 누군가가 묻는다면 "쓰고 싶다는 욕망이 얼마나 강한가요?"라고 되묻고 싶다. 글쓰기에 대한 조언을 해주는 책들은 넘쳐난다. 가만히 앉아서 스스로 한 줄도 쓰지 않는다면 아무 의미가 없다. 나는 멈추어있는 삶을 경계하기 위해 쓴다. 어제보다 오늘 더 지혜로워지기 위해 쓴다. 글을 쓰면 쓸수록 생각이 명확해진다. 글을 쓰기 위한 노력은 내 삶을 살아내기 위한 노력과 다르지 않다. 더 잘 쓰기 위해 더 잘 살아야겠다고 다짐한다. 제대로 살아가기 위해 계속 쓰고 싶다는 생각을 한다.

007

늘 깨어있기 위해 그리고 내 삶을
살아가기 위해 책을 읽고 글을 쓰다

내게 글을 쓰는 이유를 묻는다면 "다른 삶을 살고 싶어서"라고 말할 것이다. 글은 새로운 도전이다. 이전과 다른 삶을 살겠다는 의지다. 글이 아니라면 인생에 대한 불만, 사회에 대한 불만 그리고 나를 표현할 방법이 없기 때문이다. 멈추지 않는 생각과 열정이 만들어낸 외로움은 글을 쓰게 만든다.

첫 책을 쓴 이후로 쉬지 않고 책을 쓰는 이유는 책을 쓰면서 인생을 바꾸었기 때문이다. 살아오면서 스스로 하찮다고 생각했던 일들이 결코 하찮은 경험이 아니라는 것을 알게 되었다. 힘들었던 시간을 견디기 위해 책을 썼다. 책을 쓰면서 힘든 시간 속에서 내가 깨달은 것은 무엇인지, 나를 힘들게 만든 생각들은 어떤 것이었는지를 들여다보는 시간을 가졌다.

글을 쓰면서 많은 눈물을 쏟았다. 그동안 내가 옳다고 믿었던 것들이 항상 정답이 될 수 없다는 것을, 노력과 열정이 늘 내 편이 될 수 없다는 것도 알았다. 하지만 희망조차 보이지 않는 순간에도 늘 마음속에 '원하는 꿈'이 있었다. 지금도 나는 꿈꾸지 않는 인생을 상상할 수 없다.

나는 어릴 때부터 내게 주어진 삶에 굴복하고 싶지 않았다. 보수적인 집안에서 둘째로 태어나 매일 자유를 꿈꿨기에 대학을 졸업하고 바로 독립할 수 있었고 아이를 키우는 것 외에 아무것도 허락되지 않는 현실에서도 꿈을 잃지 않았기에 다시 내 일을 시작할 수 있었다. 새로운 일에 대한 두려움이 없었고 하고 싶은 일을 찾으면 내 안에 있는 모든 열정을 끌어다 썼다. 생계와 직결되어 있더라도 내 영혼을 혼란스럽게 하는 일은 과감하게 그만뒀다. 자존감이라는 것은 노력하지 않으면 언제라도 나를 떠날 수 있다는 것을 경험으로 알게 되었다.

끊임없는 생각은 나를 살리기도 하고 위험에 빠뜨리기도 했다. 힘든 순간에도 수동적인 운명과 무기력함을 넘어서기 위해 노력했다. 넘어지면서 걷는 법을 배우는 아이처럼 내 생각도 내 인생도 마찬가지라 여겼다. 누군가 정해준 삶에 순응하고 싶지 않았다. 세상을 바꾸고 싶어서가 아니라 단지 내 인생을 바꾸고 싶었을 뿐이다. 내 인생을 내가 결정하며 살아가고 싶은 지극히 평범하지만 당연하지도 세상이 원하지도 않는 욕구였다. 앞으로 어떻게 살아가야 할지, 내가 이룰 수 있는 것은 무엇인지에 대해 끊임없이 고민한다. 멈추지 않는 생각과 열정으로 나는 늘 새로운 삶을 살아갈 수 있다.

많은 여자들이 홀로서기를 위해서, 자기 삶을 스스로 결정하기 위해 글을 썼다. 세상과 타협하지 않았던 완강한 지식인이었던 수전 손택은 글쓰기에 뛰어들기 전이면 두려움과 걱정을 느낀다고 말했다.

"작가는 오로지 자신을 노출함으로써 존재한다. 글을 쓴다는 것은, 나를 버리고 위험을 감행하는 것이다."

그녀에게 글은 더 넓은 자유의 세상으로 가는 유일한 길이었다.

김홍신 작가는 한 강연에서 이런 말을 했다.

"내가 세상을 향해 밉고 분노하고 짜증 난 것을 써서 무덤을 만들어서 묻어야 한다."

살아있는 동안의 욕구와 욕망을 글로 써보고 죽기 전에 다 해보고 가라고 말한다. 글로 쓴 것 중 할 수 있는 것은 몇 개 되지 않지만 글조차 써보지 않으면 결국 후회하게 될 것이기 때문이다. '글은 머리와 손가락으로 쓰는 게 아니라 영혼의 피를 찍어서 써야 한다'는 말이 가슴에 와 닿는다. 글을 쓰는 사람들은 하나 같이 말한다. 인간은 좌절과 아픔과 실패를 겪는 존재라는 사실을 말이다.

사업의 실패로 힘들어하는 사람이 있었다. 적지 않은 나이지만 앞으로 어떻게 살아야 할지 스스로 답을 찾지 못하는 상태였다. 매일 친구들과 만나 술을 마셔도 돌아서면 불안한 현실만 눈에 들어왔다. 나는 그 사람에게 자신이 살아온 시간을 돌아보며 경험을 글로 써보라고 말해줬다. 끈기를 가지고 계속해서 쓴다면 언젠가는 한 권의 자서전이 나오지 않겠냐고 말이다. 그는 글을 쓸 시간은 없다고 했다. 글을 쓸 만큼 대단한 인생을 살지도 않았고 책은 아무나 쓰느냐는 말로 마무리했다. 자서전을 써보라고 하면 많은 사람들이 책이라는 결과물에 대해서만 생각한다. 누군가에게 보여주기 위한 목적이 아니라 앞으로의 인생을 더 잘 살아가기 위해서라는 것을 알지 못한다. 자서전을 써내려가지만 결과물이 나오지 않을 수도 있다. 쓰는 과정에서 그 이상의 것을 얻게 된다. 힘들지만 자신을 포기하기 싫은, 내면에서 무언가 나를 자극하는 결심이 없다면 글을 쓰기 힘들다.

글을 쓴다는 것은 인내심을 키워내는 것과 같다. 남들과 다른 약간의 인내심만 키워낸다면 고통스러운 일상에서도 어느 정도의 글은 쓸 수 있게 되며 그 글을 통해 인생 전체는 아니더라도 그 날 하루의 기분은 스스로 다스릴 수 있다. 더는 앞으로 나아갈 수 없을 때, 살아온 시간을 글로 쓰다 보면 떠올리고 싶지 않았던 순간과 정면으로 마주하게 된다. 인정하고 싶지 않았던 자신의 약점을 발견하게 될 수도 있다. 무엇이 잘못되었는지, 앞으로 어떻게 살아야 할지 자연스럽게 길을 찾게 된다.

인생에서 가장 힘든 순간에 글을 쓰기 시작한 사람들이 있다. 그들은 글을 쓰는 것 외에는 어떤 돌파구도 찾지 못해서 쓰는 사람들이다. 매일 글을 쓰는 사람들은 사람들과의 격리와 집중으로 글 속으로 파고들어가는 재주를 가지고 있다. 글을 한 번 제대로 써보고 싶거나 직업적인 작가가 되고 싶다면 자신을 이러한 환경으로 몰아넣을 줄 알아야 한다. 또 타인에게 자신을 드러내는 것을 두려워하지 않아야 한다. 나에게는 부끄러운 경험이지만 타인에게는 도움을 줄 수 있다는 믿음이 필요하다.

그동안 책을 쓰면서 불안하고 두려운 순간들이 많았다. 일상의 장애물로 인해 내 삶이 부정적으로 흐르지 않도록 하기 위해 선택한 것이 책 쓰기였다. 대부분의 사람들이 책을 통해 위안을 얻고 그것을 통해 자신에게 맞는 방식을 스스로 찾아내는 것처럼 내 글을 읽는 사람도 도움을 얻을 수 있을 거라는 믿음으로 쓴다. 매일 책을 읽으며 글을 쓰는 것을 삶으로 여기는 수많은 작가들에게서 자극을 받는다. 그들에게도 쓰기는 매번 쉽지 않다는 것을, 힘들수록 더 열심히 썼다는 사실을 알게 된다. 늘 깨어있기 위해 그리고 내 삶을 살아가기 위해 책을 읽고 글쓰기를 멈추지 않는다.

영화 《한나 아렌트》를 보면서 '판단의 무능력'에 대해 생각한다. 한나 아렌트는 1961년 예루살렘에서 열린, 유대인 학살의 주범, 아돌프 아이히만의 재판과정을 보도하면서 '악의 평범성'에 대해 말했다.

"불행하게도 대부분의 악행은 선해지거나 악해지기로 결심한 적이 결코 없는 사람들에 의해 저질러진다."

악행을 저지르는 자는 반사회적인 인격 장애를 가진 사람이 아니라 판단하지 않고 순응하는 평범한 사람들이라는 것이다. 판단의 무능력이 만들어낸 결과라고 말한다. '판단의 무능력'으로 발생하는 문제는 우리 사회에서도 쉽게 찾아볼 수 있다. 잘못된 일이라는 것을 알면서도 순응하고 행동하는 사람들이 얼마나 많은가. 문제가 생길 때 "나는 시키는 대로 했을 뿐이다."라는 말을 쉽게 한다. 정보의 홍수 속에서 우리의 영혼은 혼란스럽다. 실시간으로 이슈가 되는 문제에 정신을 빼앗기고 며칠만 지나도 잊히는 정보에 관심을 기울이느라 깊이 사유할 시간이 없다.

자신의 정체성을 표현하는 방법이 글쓰기다. 글은 삶이 불안하고 두려울 때, 자신이 어떤 사람인지, 무엇을 느끼는지, 무엇을 할 수 있는지를 알게 해준다. 생각하는 능력, 말하는 능력, 타인의 처지에서 공감하는 능력을 키워서 '판단의 무능력'에서 벗어나게 해준다. 두렵지만 자신의 길을 가겠다는 의지를 일으켜 불안을 넘어서는 용기를 준다. 인생은 견디는 과정이라는 것을 스스로 깨닫게 해준다.

누구나 자신만이 쓸 수 있는
이야기를 가지고 있다

나는 이별의 순간에 편지를 써보라고 말하고 싶다. 대부분의 연인들은 치열하게 싸운 후 이별을 경험한다. 가장 이성적이어야 할 마지막 순간에 가장 감정적인 상태가 되어 돌이킬 수 없는 이별을 맞이한다. 아주 오래전 일이지만 이별의 순간에 편지를 써본 적이 있다. 감정적으로 불안한 상태였지만 내 마음이 차분히 가라앉는 것을 경험했다. 지나온 시간을 돌아보면서 잘못된 생각, 표현, 행동들에 대해 객관적인 관점에서 나를 바라볼 수 있었다. '그때 나는 왜 그랬을까?'라고 자신에게 질문을 던지고 내 진짜 마음을 들여다보려고 애썼다. 그 순간, 욕심을 내려놓고 원래의 내 모습으로 돌아가야겠다고 결심했다. 편지를 쓰면서 현실에서 인정할 수 없었던 이별을 스스로 받아들였다.

헤어진 남자친구는 시간이 꽤 지난 후 편지를 확인했다. 편지를 읽고 헤어진 것을 후회했다. 어쩌면 많은 연인들이 관계를 끝내고 나서도 상대방의 마음을 모른 채 살아가는지도 모른다. 헤어지는 순간에 진심을 숨기기 때문이다. 나를 실망시킨 너를, 나를 아프게 한 너를 용서할 수 없기에 진심을 드러내지 않는 방법을 선택한다. 하지만 나의 진심을 드러내는 것은 상대방이 아닌 바로 '나 자신'을 위해서다. 어쩌면 모든 걸 내려놓는 그 순간에 다시 시작할 기회가 찾아올지도 모른다.

라 브뤼에르는 "남성들이 끊임없는 노력과 오랜 사색을 통해 간신히 찾아내는 문구와 표현들을 여성들은 그저 자신의 펜 끝에서 발견한다. 여성은 단 하나의 낱말로 모든 감정을 표현할 수 있는 존재다."라는 말을 남겼다.

편지쓰기는 오래전부터 여성들의 문학적 출구였다. 제인 오스틴은 종종 응접실에 앉아 편지를 쓰는 척하면서 소설을 썼다고 한다. 나이팅게일이 평생 동안 썼던 편지는 간호와 교육의 수준을 높이는 데 기여했다. 편지는 지극히 개인적이면서 자발적인 글쓰기다. 두려움 없이 자기 감정에 충실할 수 있다. 상대방의 마음에 은밀하게 말을 걸어 상대방을 설득하는 작업이기도 하다. 편지는 쓰는 사람도 읽는 사람도 어떤 글보다 몰입할 수 있다는 장점을 가진다. 책을 읽지 않는 사람도 누군가가 보낸 편지를 읽을 때는 어떤 순간보다 집중해서 읽을 것이다. 개인의 삶에 주목하고 자아성찰 할 수 있는 기회를 준다는 점에서 자서전의 한 형태로 볼 수 있다.

귀를 기울이고 이해하게 만드는 글은 자신의 진짜 목소리를 담은 글이다. 기술이 부족하더라도 맞춤법과 문법이 부족하더라도 마음을 움직이는 글을 쓸 수 있다. 글이 누군가에게 전달되기 전에 스스로 마음을 쏟아내어 써야 한다. 자신이 경험한 것을 통해 얻은 마음속 깊은 곳의 울림을 피하지 말고 글 속으로 과감하게 뛰어들어야 한다. 위험을 느끼더라도 말이다. 부족해 보이더라도 거침없이 써내려가는 양적인 채움의 과정을 거쳐야만 글쓰기에 대한 두려움에서 벗어날 수 있다.

누구나 글을 쓸 수 있고 타인에게 감동을 줄 수 있는 이유는 같은 경험에서도 다른 것을 보기 때문이다. 누구나 자신만이 할 수 있는 이야기를 가지고 있다. 누군가에게 경험에 대해 말을 할 때 마치 그때로 돌아가서 다시 경험하는 것처럼 흥분하면서 말하는 경우와 남의 이야기를 하는 것처럼 아무 감정 없이 이야기하는 경우는 듣는 이의 반응을 다르게 이끌어낸다. 전자의 경우 듣는 사람으로 하여금 간접 경험의 기회를 준다. 강연을 듣다보면 말이 어눌한데 울림을 주는 경우가 있고 목소리와 말투가 아나운서 같지만 전혀 감동적이지 않은 경우가 있다. 글도 마찬가지다. 경험을 쓰는 글에 힘이 있는 이유는 자신에 대해 한 치도 의심하지 않고 쓸 수 있기 때문이다. 글에 확신을 담을 수 있기 때문이다.

스스로 마음에 드는 글을 쓰기 위해서는 자신과의 끊임없는 싸움에서 좌절하고 이기는 과정을 반복해야 한다. 경험을 떠올리고 완전히 몰입하다가도 어느 순간 몸에서 에너지가 빠져나간다. 이럴 때 써놓은 글은 형편없어 보이고 생각은 복잡해진다. 쓸 때는 자기 검열을 하지 말고 거침없이 써나가야 한다. 시간이 지난 후 다시 원고를 보면서 실망하다가도 집요하게 다듬는 퇴고의 과정을 거쳐 원하는 글이 완성된다. 초고를 쓸 때 많은 에너지를 담지 않으면 다듬는 과정에서 건질 게 없을 수도 있다. 처음처럼 열정을 쏟아내기도 힘들다.

긴 글을 쓰기 위해서는 평소에 짧은 글을 자주 쓰는 훈련이 되어 있으면 좋다. 자신의 경험을 짧게 기록하는 연습, 문득 생각나는 것이 있을 때 장소를 가리지 않고 메모해놓는 습관은 글을 쓰는 데 필요한 근육을 만든다. 책을 쓸 때는 자다가도 생각나는 것이 있으면 벌떡 일어나 휴대폰 메모장에 쓰고 잔다. 글이 완성되는 동안은 머릿속에 온통 한 가지 주제에 대해서만 생각한다. 부정적인 마음이 들면 산책을 하거나 운동을 하고 때로는 음악을 듣고 나서 마음을 가라앉힌 후에 글을 쓴다. 기분이 좋은 상태에서 글을 쓰기 위해 매 순간 노력한다. 기분이 좋아질 때까지 마냥 기다리지 않는다. 글쓰기는 정당한 노동으로 얻어지는 결과물이다.

요즘은 타인이 남긴 부정적인 글로 가슴앓이를 하는 사람들이 많다. SNS에 난무하는 수많은 글 중 짧지만 힘을 주는 글도 있고 기운 빠지게 하거나 의기소침하게 만드는 글도 있다. 글을 보면 그 사람을 알 수 있다. 긍정적인 사람인지, 부정적인 사람인지 말이다. 지금 불만이 가득한 삶을 살아가고 있는지, 작지만 가진 것에 감사할 줄 알며 살아가는지 알 수 있다. 글을 곧 그 사람을 말해주는 것이니 함부로 살지 말아야 하는 것처럼 함부로 써서도 안 된다.

단지 스트레스를 해소하기 위해 분노를 표출하는 글을 거침없이 쓴다거나 타인에게 상처가 되는 말을 일삼는다면 손해를 보는 사람은 바로 자기 자신이다. 글을 쓸수록 부정적인 마음이 더 활활 타오를 것이기 때문이다. 누군가의 글을 읽고 댓글을 달 때 그 글이 마음에 들지 않아서 부정적인 글이 쓰고 싶으면 침묵을 지키고, 어떤 감흥을 얻었다면 내 마음을 표현한다. 그 사람에게 더 많은 용기를 주어 더 좋은 글을 쓸 수 있게 하기 위함이다. 글을 쓰는 사람 스스로 좋은 에너지를 얻지 못하면 글을 읽는 그 어떤 사람에게도 긍정적인 에너지를 줄 수 없다. 우리는 말 한마디로 사람을 살릴 수도 죽일 수도 있는 세상에서 살아가고 있다.

글을 쓸 때 처음부터 책 출간을 목표로 쓸 필요는 없다. 사람들이 읽을 수 있는 곳에 글을 올려 자신의 글이 읽히도록 하면 된다. 아는 사람들에게 공유해도 좋다. 어떤 식으로든 피드백을 받을 수 있다면 계속 글을 쓰는 데 힘이 된다. 아무리 배워도 우리는 늘 완벽할 수 없다. 늘 타인에게 그리고 자신에게 진실할 수도 없다. 하지만 글 속에는 진심이 담겨 있어야 한다.

우리는 생각과 행동의 변화를 일으키기 위해 독서를 한다. 누군가를 설득하는 글을 쓰고 싶다면 자신을 먼저 설득할 수 있어야 한다. 나 역시 책 한 권으로도 많은 배움을 얻듯이 내 책을 읽는 사람도 책을 읽고 나서 생각의 변화 나아가 행동의 변화까지 가져올 수 있다면 좋겠다는 마음으로 쓴다. 그래서 늘 나는 과연 내가 책 속에 담는 말들을 모두 실천하고 있는가?'하는 질문을 끊임없이 하게 된다. 내가 한 말에 얼마만큼의 책임감을 느끼고 있는가를 생각한다.

글은 타고난 능력이라는 섣부른 판단은 하지 않길 바란다. 누구나 쓸 수 있고 또 잘 쓸 수 있기 때문이다. 좋은 글을 많이 본 사람은 좋은 글을 쓸 수 있다. 글을 잘 쓰지 못하더라도 잘 쓰고 싶다는 욕심이 있어야 한다. 타고난 글재주보다 그것을 뛰어넘을 만큼의 글에 대한 애정과 인내를 품은 노력이 필요하다. 엉덩이를 의자에 붙이고 글을 쓰는 그 순간에 집중해 포기하지 않고 계속 써내려 가다 보면 그 누구라도 사람의 마음을 움직이고 행동하게 만드는 힘 있는 글을 쓸 수 있다고 믿는다.

책 읽기,
즐거움의 한계가 없는 세상

메리 앤 섀퍼, 애니 배로스 《건지 감자껍질 파이 북클럽》

우리는 가끔 우연한 기회를 통해 인생을 바꾼다. 우연이라는 것은 개인의 삶뿐만 아니라 타인의 삶까지도 변화시키는 힘이 있다. 《건지 감자껍질 파이 북클럽》은 우연한 계기로 세상에 탄생한 책이다. 제2차 세계대전 당시 유일하게 독일에 점령되었던 건지 섬 사람들의 이야기를 편지글 형식으로 그린 소설이다. 영화를 본 후 자연스럽게 원작을 읽어야겠다고 생각했다.

책의 저자는 메리 앤 섀퍼와 애니 배로스, 이렇게 두 사람이다. 메리 앤 섀퍼는 이 책을 쓰면서 건강이 악화되어 조카 애니 배로스에게 책의 마무리를 부탁했다. 작가의 확고한 비전과 주위 사람들의 믿음으로 몇 년에 걸쳐 완성된 작품이다. 작가에게 필요한 건, 가슴이 원하는 글을 쓰는 것, 가치 있는 작품을 쓰고 싶다는 욕구를 가지는 것이다. 작가가 찾는 소재 속에 작가의 인생관이 담길 수밖에 없다.

"나 그저 결혼을 위한 결혼은 하기 싫어. 대화를 나눌 수 없는 사람, 더 심하게는 침묵을 나눌 수 없는 사람과 여생을 함께 보내는 것보다 더 외로운 일은 없다고 생각해."

소설 속 주인공 줄리엣이 알렉산더에게 보낸 편지글의 일부다. 자신과 다른 현실을 살아가고 있는 건지 섬 사람들의 이야기에 귀 기울이고 고통을 나누고자 했던 마음은 작가의 평소 생각과 연결된다.

줄리엣은 어느 날, 건지섬에 사는 도시 애덤스라는 남자에게서 편지를 받는다. 찰스 램의 팬이었던 그는 우연히 찰스 램의 책에서 그녀의 이름과 주소를 알게 되어 찰스 램의 다른 책을 구하기 위해 부탁하는 글을 보낸다. 줄리엣이 중고로 팔았던 책이 도시 애덤스의 손에 들어간 것이다.

"제 책이 어쩌다 건지 섬까지 갔을까요? 아마도 책들은 저마다 일종의 은밀한 귀소본능이 있어서 자기한테 어울리는 독자를 찾아가는 모양이에요. 그게 사실이라면 얼마나 즐거운 일인지요."

줄리엣은 도시 애덤스가 부탁한 대로 필요한 책을 받을 수 있게 도와주었고 선물도 보냈다. 둘은 편지를 주고받으며 얼굴은 보지 못했지만 서로의 생각을 나누는 벗이 된다.

"책 속의 작은 것 하나가 관심을 끌고, 그 작은 것이 다른 책으로 이어지고, 거기서 발견한 또 하나의 단편으로 다시 새로운 책을 찾는 거죠. 실로 기하급수적인 진행이랄까요. 여기서 가시적인 한계도 없고, 순수한 즐거움 외에는 다른 목적도 없어요."

내 마음을 줄리엣의 글에서 읽는다. 책의 즐거움이 이런 것이 아닐까. 책을 읽는 기쁨으로 시작해서 또 다른 즐거움을 찾아가는 과정. 대단한 기대를 하지 않았지만 생각지도 못했던 많은 것을 얻을 수 있는 세계. 그녀의 말처럼 한계가 없는 세상이 아닐까.

줄리엣은 편지를 통해 건지섬에서 무슨 일이 일어났는지 알게 되고 호기심이 증폭된다. '건지 감자껍질 파이 북클럽'은 어떻게 만들어졌는지, 돼지구이 만찬은 왜 비밀에 부쳐야 했는지 궁금한 것이 많았다. 독일군은 기르던 돼지들을 압수해가고 감자를 기를 것을 명령했다. 동네 사람들이 숨겨둔 돼지 한 마리로 몰래 파티를 열고 돌아가는 길에 독일군에게 잡혀가지 않기 위해 문학회 회원이라는 거짓말을 한 것에서 우연히 그들의 진짜 문학회가 시작된다. 책을 좋아하지 않았던 사람들이 책으로 소통하며 자신을 치유하는 이야기, 책을 매개체로 서로를 알게 되는 이야기다. 전쟁의 고통 속에서 꽃이 피어나는 이야기, 불꽃처럼 살다간 사람의 이야기를 접할 수 있다.

줄리엣은 〈타임스〉의 칼럼에 건지 감자껍질 파이 문학회의 이야기를 담으면 좋겠다고 생각했다. 문학회 회원들과 자연스럽게 편지를 주고받으며 그들의 이야기에 귀 기울이게 된다. 돈 걱정 없이 살 수 있는 남자와의 결혼을 뒤로 하고 줄리엣은 건지섬으로 친구들을 만나러 간다. 건지 섬의 아름다운 자연 경관은 이것과 대비되는 그들의 상처 때문에 슬프게 느껴진다. 고통을 함께 나눌 때 진정한 친구가 된다는 것을 깨닫게 해준다.

　누군가에게 권하고 싶은 책은 유독 나에게 도움을 준 작품만이 아니다. 다양한 관점에서 사색할 수 있는 시간을 주는 책이다. 책에서 얻을 수 있는 것에 한계가 없는 것, 끊임없이 생각하게 하고 여운을 주는 그런 책 말이다.

　편지글 속에서 마음에 와 닿는 문구를 여러 개 발견했다. 아마 이 책을 읽는 독자에 따라 공감하고 느끼는 점이 다를 것이다. 나름의 관점에서 나름의 생각으로 작가와 생각을 나눌 수 있을 거라 믿는다. 이 책을 소개하는 이유다. 책이란 읽는 사람에 따라 다르게 해석될 수 있기 때문에 단순히 내 느낌을 적을 뿐이다. 나와 다른 관점의 사람들도 한 번쯤 읽으면 새로운 것을 얻을 수 있을 거라 생각되는 작품들을 독자들에게 알려주고 싶다. 우리는 누구나 책으로 친구가 될 수 있다는 것도.

흔들리지 않고 사유하고 판단하며
당당한 삶을 살아갈 수 있도록

영화 〈한나 아렌트〉

영화 〈한나 아렌트〉는 유대인 철학자이자 청치 사상가였던 한나 아렌트가 1960년부터 1964년까지 실제 겪었던 이야기를 다룬 영화다. 예전에 봤던 영화지만 다시 봐도 좋은 작품이었다. 그때도 지금도 영화를 보면서 많은 생각들이 떠오른다. 인간에게 필요한 조건은 무엇인가에 대해서.

한나는 나치 전범인 칼 아돌프 아이히만의 재판을 보며 사람들의 반대와 위협에도 자신의 주장을 굽히지 않고 '악의 평범성'에 대해 말한다. 한나 아렌트는 죽는 순간까지 악의 문제를 두고 씨름했던 사람이다. 인간을 이해하는 것과 용서하는 것은 다른 문제임을 말한다. 유대인에 대한 범죄는 인류에 대한 범죄임을 잊어서는 안 된다고.

한나는 아이히만의 재판을 직접 보기 위해 예수살렘으로 향한다. 이 기회를 놓친다면 자신을 용서할 수 없을 거로 생각했다. 사람들과 어울리는 공간에서는 늘 웃고 있지만 혼자 있는 순간에는 생각이 멈추지 않는다.

예루살렘의 재판장에는 수많은 피해자들이 참석했고 그들의 가족들이 어떻게 죽어갔는지 토로한다. 사람들을 죽음으로 몰았던 아이히만에게 질문들이 쏟아진다. 그는 답한다.

"그 사람들이 죽든 말든 명령을 수행해야 합니다. 행정적인 절차니까요. 그 가운데 일부를 제가 맡은 것뿐입니다."

그는 사소하기 짝이 없는 일로 익을 때까지 구워지는 고기가 된 느낌이라고 말한다. 한나는 힘없고 나약하며 자신의 생각과 판단 없는 대답으로 일관하는 아이히만을 보며 충격을 받는다. 자신이 생각했던 그의 모습이 아니었기 때문이다. 한나는 말한다.

"그는 악마가 아니에요!"

아우슈비츠 수용소에 끌려가 죽음을 목격하고 고통받았던 사람들의 증언 속에서, 수많은 눈물 속에서 아이히만은 너무나 동떨어진 것처럼 느껴졌다. 한나는 혼란스러웠다. 아이히만은 법정에서 진실만을 말할 것을 맹세한 것처럼 그때도 마찬가지였을 뿐이라고 말한다. 히틀러가 죽으면 그 맹세에서 풀려난다는 그의 말에 한나는 웃음이 났다. 의무와 양심 사이에 갈등이 없었냐는 질문에 아이히만은 '의식적인 분열'이라 답한다. 양심, 용기를 묻는 질문에 그는 생각을 말한다. 아무 소용도 의미도 없고 성공과 실패도 못 하는 시대랑 교육방식 즉, 이데올로기 교육방식 그리고 규율 같은 것에 대해 말한다.

한나는 아이히만을 지켜보며 반유대주의자라는 목적의식이 있었던 것이 아닌 그저 법에 따랐을 뿐이라고 판단했다. 사람들을 죽음에 내몰고도 아무런 가책을 느끼지 못하는, '악의 목적의식'이 없었다는 것을 알았다. 그저 천생관료일 뿐이라고.

나치 수용소에서 고통을 겪은 사람들은 한나의 의견에 동의하지 않고 분노한다. 한나는 아이히만의 끔찍한 행동과 그 평범함 사이에는 아주 커다란 간극이 있다고 주장했다.

"우리는 악을 대체로 초자연적인 어떤 것, 즉 사탄의 체현으로 봤다. 하지만 아이히만은 이런 깊이에도 이르지 못했다. 그는 사유할 능력이 없었다."

그를 20세기 최대의 극악무도한 범죄자로 만든 것은 '그 어떤 어리석음과도 일치하지 않는' 사유의 부재라고 말한다. 유대인들에게 그렇다 할 조직과 지도자가 없었더라면 혼란과 불행은 피할 수 없었겠지만 수백만의 희생자를 낳지는 않았을 거라고. 유대인의 지도자들은 대부분 다양한 방식과 이유로 나치에 협력했기 때문이다.

우리는 일상에서 수많은 '아이히만'을 목격한다. 그처럼 수백만을 죽음으로 이끌지는 않았더라도 사람들의 분노 속에서 아무런 가책을 느끼지 못하는 지극히 평범해 보이는 아이히만을. 인간의 탈을 쓰고 어떻게 그런 짓을 저지를 수 있냐고 모두가 분노하지만 당사자는 그 말의 깊이를 알지 못한다. 사람들이 말하는 악의 깊이라는 것이 애초에 없었던 사람들이 대부분이다. 사유하지 않고 행동하는 것에 우리는 분노하지만 우리의 예측과 범죄자와의 생각은 간극이 존재하고 그로인해 우리는 허탈함을 느낀다.

어떤 일이든 최종적으로 선택하고 결정하는 사람은 자신이다. 사유하지 않는 인간은 어떤 상황에서라도 죄를 지을 수 있다고 생각한다. 한나 아렌트의 말처럼 인간에게 주어진 오직 하나뿐인 특징은 '사유하는 능력'이다. 사유하는 능력을 포기해버리면 도덕적인 판단을 내릴 수 없으며 사유의 불가능함은 평범한 사람들이 악행을 저지를 가능성을 열어준다. 그녀는 말한다.

"사유의 바람이 드러내는 건 지식이 아니다. 옳은 것과 그른 것, 아름다운 것과 못난 것을 구분할 수 있는 능력이다. 이런 사유가 사람들에게 파국을 피할 힘을 주기를 바란다."

한나는 악은 극단적일 뿐 근본적이지 않으며 깊고도 근본적인 것은 오직 선 뿐이라고 말한다. 우리는 예상치 못한 충격적인 사건을 대할 때 인간의 본성에 대해 회의감이 든다. 평범함을 가장한 극악무도함을 타고났다고 생각하기 쉽다. 하지만 수많은 보통의 사람들이 공범임이 밝혀지는 경우가 많다. 스스로 판단하지 않고 다수의 범죄를 따라갈 때 우리는 그 누구라도 도덕적 판단을 잃을 수 있다는 것을 보여준다. 실제로 아는 사람들 중에서도 나는 아이히만을 떠올리게 만드는 사건들이 있었다.

죄는 미워하되 인간은 미워하지 말라고 했던가. 이해하는 것과 용서하는 것은 다르다던 한나의 말처럼 충분히 이해는 되었고 용서는 되지 않았다. 나 역시 언제라도 도덕적 판단을 잃을 수 있는 그러한 상황에 놓였던 적이 많았다. 조직이 시키는 대로 영혼 없이 일할 수도 있었고 판단 없이 불법을 저지르는 사람에게 침묵을 지킬 수도 있었으니까. 중요한 것은 도덕적이지 못한 사람들 모두가 평범한 사람이었다는 사실이다.

범죄를 저지르면 처벌을 하면 그만이다. 하지만 그 누구라도 사유하는 능력을 스스로 포기해버린다면 언제든지 충격적인 범죄를 저지를 수 있다는 사실을 간과해서는 안 된다는 생각이다. 나는 시간이 지난 후 영화 〈한나 아렌트〉를 다시 볼 것이다. 흔들리지 않고 사유하고 판단하며 당당한 삶을 살아갈 수 있도록 말이다.

아파도 힘들어도 사랑할 수 있다는 것만은 축복이다

영화 〈괴테〉

영화 〈괴테〉는 괴테의 사랑과 이별, 문학에 대한 꿈과 열정을 그린 영화다. 요한 볼프강 폰 괴테는 1749년에 태어나 1832년에 생을 마감했다. 셰익스피어를 사랑했고 교과서보다 소설과 시를 사랑했던 남자다.

괴테는 젊은 시절 비련의 사랑을 경험한다. 아버지는 '자신이 잘하는 것과 못하는 걸 깨닫는 것도 중요한 삶의 교훈'이라고 말한다. 괴테는 아버지의 지시에 따라 변호사가 되기 위해 '베츨라어'라는 시골로 간다. 장례식장보다 더 따분한 무도회에서 운명처럼 로테를 만난다. 먼저 쓰지 못하는 편지를 기다리던 괴테와 로테는 결국 서로를 찾아간다. 넓은 들판에서 로테의 눈을 바라보며 시를 읊어주는 괴테의 모습이 낭만적이다.

사랑은 아름답다. 끝을 알 수 없을 때, 그 순간에 집중할 수 있을 때 사랑은 빛난다. 누군가는 사랑을 행복이라 말하고 다른 누군가는 고통이라 말한다. '사랑'은 슬프고 아픈 것이 아니다. 자신이 선택한 사랑이 슬플 뿐이다. 죽을 것 같은 사랑의 고통을 겪은 사람도 또다시 사랑을 꿈꾼다. 추억이라 말하는 것 중 누군가를 미치도록 사랑했던 기억을 넘어서는 행복은 없기 때문이 아닐까.

로테는 가난한 살림에 동생들을 부양하기 위해 돈 많은 변호사와의 결혼을 선택한다. 로테의 약혼자 알베르트는 불행히도 괴테와 함께 일하는 변호사다. 낭만과는 거리가 먼 알베르트는 괴테의 조언대로 청혼을 한다. "나에게 사랑이란 함께 같은 곳을 바라보는 것이오."라고 로테에게 반지를 끼워주며 말한다.

가족들은 모두 기뻐하지만 로테는 슬픔의 눈물을 흘린다. 정작 본인만이 눈물의 의미를 안채로 쓸쓸히 청혼을 받아들이는 로테. 로테는 괴테에게 더는 만나러 오지 말라는 편지를 보내고 편지를 읽지 못한 괴테는 약혼식 날 그녀의 집에 선물을 들고 방문한다. 로테와 괴테의 관계를 모두가 알아버렸지만 로테의 아버지는 그녀에게 말한다. 알베르트를 만난 건 축복이라고 말이다. 가족을 부양할 수 있고 결국 시간이 모든 것을 해결해 줄 거라고.

인생에 있어서 축복은 무엇을 의미할까. 사랑하는 사람들을 위해 자신을 희생할 수 있다는 보람이 축복일까. 가족을 위한 희생보다 자신의 삶을 찾는 게 축복일까. 영화를 보며 그런 생각이 들었다. 가족을 위해 희생하더라도 기꺼이 그것을 감내할 수 있는 강한 마음이 있다면 축복일거라고.

괴테는 그를 질투하던 알베르트의 계획으로 감금되고 좁은 방안에서 로테와의 사랑과 이별의 아픔을 담은 《젊은 베르테르의 슬픔》을 쓰게 된다. 그녀를 향한 끝없는 사랑, 참을 수 없는 사랑에 대한 열정, 죽을 만큼 고통스러운 이별의 아픔을 글로 표현한다. 사랑의 실패에도 그를 살게 해준 건 문학에 대한 열정이 아니었을까. 괴테는 그녀에게 완성된 소설을 보낸다.

로테는 마지막으로 괴테를 찾아가 말한다. 많은 가족들을 부양하느라 억지로 하고 싶지도 않은 일을 하면서 살아가지 말라고. 자신과 함께하면 원하는 인생을 살아갈 수 없다고 말이다. 괴테는 자신을 떠나는 로테를 이해하지 못하며 알베르트를 사랑한다는 거짓말도 쉽게 믿어버린다.

6개월 후 아버지가 찾아와 괴테를 프랑크푸르트로 데리고 간다. 괴테는 사람들이 붐비는 거리를 지나다 궁금해서 마차에서 내린다. 사람들이 예약한 책을 구입하기 위해 몰려있었다. 바로 자신이 쓴 소설 《젊은 베르테르의 슬픔》이었다.

사랑은 늘 이별 후에 더 많은 것을 가르쳐준다. 사랑을 버렸지만 사랑하는 사람의 인생을 구원해준 로테의 사랑이 훨씬 크게 느껴진다. 그녀는 괴테의 작품을 알아봐준 사람이다. 괴테가 보낸 소설을 출판사로 보내 세상으로 나올 수 있도록 만들었다. 비록 현실에서 사랑을 잃었지만 소설 속에서 영원히 살아 숨 쉴 수 있게 해주었다.

괴테는 《젊은 베르테르의 슬픔》으로 23세의 나이에 유럽의 유명 인사가 되었다. 베르테르의 이야기는 청년들에게 반향을 일으켰다. 많은 젊은이들이 자살로 생을 마감했다. 이 영화를 보게 된다면 《젊은 베르테르의 슬픔》을 읽지 않을 수 없을 것이다. 좋은 작품은 반드시 좋은 작품을 만나게 해준다.

사랑이 이루어진 이후의 모습은 생각보다 아름답지 않다는 것을 안다. 그러니 사랑은 이루어질 수 없을 때 아름답다고 하는 것일까. 아름다웠던 시절을 추억할 수 있으니까. 사랑할 수 있다는 것만이 축복이 아닐까 하는 생각을 해본다. 사랑의 아픔으로 눈물을 쏟았던 때도 있었고 이별의 고통으로 뼈만 앙상하게 남을 만큼 힘든 시절도 있었다. 하지만 나는 '사랑은 아름답다'고 말하고 싶다. 고통을 느꼈던 그 순간도 내게 행복이었음을 뒤늦게 깨달았으니까. 이루어지지 못하면 어떠랴. 원래 사랑은 눈에 보이는 것이 아니며 기억 속에서 영원히 그 모습으로 간직될 테니까.

글을 쓰며 자신을 발견하고 사랑하며
세상을 사랑하다

루이제 린저 《삶의 한가운데》

"여자 형제들은 서로에 대해 모든 것을 알고 있든지 혹은 아무것도 모르고 있든지 둘 중 하나다."

루이제 린저의 소설 《삶의 한가운데》의 첫 문장이다. 주인공 마르그레트는 오랫동안 떨어져 지낸 동생 니나를 우연히 만나게 되면서 동생의 삶 속으로 들어간다. 그녀에게 어떤 일이 있었는지, 어떤 생각을 하며 살았는지 알아가려는 노력에서 자신의 삶을 들여다보게 된다.

마르그레트는 니나를 평생 동안 사랑했던 남자가 죽은 후 니나에게 도착한 편지와 일기장을 소리 내 읽어주며 니나와 삶에 대해, 사랑에 대해 많은 대화를 나눈다. 니나가 말한다.

"우리는 자기 자신을 변화시킬 수 있고 자기 자신과 게임을 할 수 있어. 책을 읽으면서 책 속에 있는 이런저런 인물과 자기가 비슷하다는 것을 느끼는 경우가 있잖아? 다른 책을 읽으면 또 다른 모습이 보이고, 끝없이 이런 일이 반복되는 거야. 자기 자신의 내부를 들여다보면 수백 개의 서로 다른 자아가 보여. 어느 것도 진정한 자아가 아닌 것 같기도 하고, 모든 게 미정이야. 우리는 우리가 원하는 것이 될 수 있어. 사실은 이 여러 자아 가운데 하나의 자아만을, 미리 정해져 있는 특정한 하나의 자아만을 선택할 수 있을 뿐이지만."

마르그레트는 대답한다.

"그렇지만 가끔 우리는 선택이 잘못된 것 같은 느낌이 들게 될 때가 있지. 혼자 있을 때, 아주 고독할 때, 자신의 내부에서 어떤 것이, 자기 자신의 모습이 떠오르는 거야. 우리는 그것을 보지. 자기 자신을 말이야. 그리고 슬픔에 가득 찬 모습으로 말을 거는 거야. 너무 늦었어, 하고 말이야."

마르그레트는 한 번도 생각해본 적이 없는 말을 쏟아내고 스스로 놀란다. 그녀는 니나와 많은 대화를 나누며 안정적인 삶의 모습을 갖춘 자신보다 불안해 보이는 현재를 살아가는 니나의 삶이 제대로 된 삶이라 여긴다. 자신 안에 있는 자아 중 하나에다 자신을 고정시키지 않고 자신에 대해 모든 가능성을 열어두고 살아가는 삶이 진짜라고 느낀다.

니나의 삶은 불안했지만 자신의 삶에 어떤 선을 그어놓지 않았다. 자신에게 어울리는 삶의 모습이 무엇인지 스스로 알고 있었다. 가만히 앉아 삶을 선택하는 것이 아닌 아파보고 부딪히면서 삶의 의미를 깨달아 갔다. 니나의 삶을 지탱시켜준 건, 책을 읽는 것과 글을 쓰는 것, 생에 대한 관심, 희망을 놓지 않는 것이었다. 새로운 세상의 모습이 어떻든 살아갈 수 있었던 이유는 글로 쓰고자 하는 욕구 때문이었다. 니나의 삶에서 내 삶의 방식이 나쁘지 않다는 느낌에 위안을 얻는다.

《삶의 한가운데》는 루이제 린저의 자전적 소설이다. 주인공 니나의 삶처럼 린저 역시 히틀러 시절 반나치즘 투쟁을 했었기 때문이다. 그녀의 사상이 니나에게 투영된 것이다. 그녀가 작가로서 살아가는 태도가 담겨있다.

나는 책을 펼친 후 첫 문장을 읽고 다음 문장을 읽기까지 오랜 시간이 걸렸다. 나에게 하나뿐인 언니에 대해, 엄마와 다른 가족들에 대해 많은 생각이 떠올랐기 때문이다. 이 책을 일찍 읽었더라면 내 인생이 지금과 달라졌을까.

생각해보면 나 역시 가족에 대해 많이 몰랐던 것 같다. 어릴 때부터 많은 것을 함께 하면서도 무슨 생각으로 살아가는지 물어본 적이 없었다. 가족이니까 당연히 내게 뭔가를 해줘야 한다고 생각했는지도 모르겠다. 살면서 엄마랑 크게 싸웠던 적이 몇 번 있었는데 그럴 때마다 엄마는 내가 아는 엄마가 아니었다. 나에게 엄마는 늘 강한 사람이었는데 싸우고 속상할 때 엄마는 내게 "나도 무척 힘들었다."는 말씀을 하곤 했다. 그제서야 '엄마도 매우 힘드셨구나.'하는 생각에 나만 생각했던 자신이 부끄러웠다. 세상에 엄마라서, 가족이라서 당연한 건 어디에도 없는데 말이다.

나는 어릴 때부터 배움에 대한 열정이 강했다. 마음만 먹으면 무엇이든 할 수 있다는 믿음도 강했다. 오만한 생각들도 많이 품으며 살았던 것 같다. 책을 읽고 글을 쓰면서 내 삶을 들여다보기 시작했고 내 주변사람들에 대해 생각할 수 있었다. 마음만 먹으면 이해하지 못할 일은 없다는 것도 깨달았다.

우리의 삶은 혼란스럽다. 많은 것을 알아가지만 여전히 자신의 삶을 제대로 모른 채 살아간다. 반복되는 일상에서 소중한 것을 잊어버리기 쉽다. 잠깐 멈추고 내 삶을 바라볼 수 있다면 지금 가고 있는 방향이 맞는지, 무엇을 위해 앞으로 나아가고 있는지 더욱 선명해지지 않을까 하는 생각을 해본다. 직접 경험해보지 않고 한계를 짓거나 현재 알고 있는 것에 멈추어서는 안 될 것이다. 책을 통해 고통을 이겨내고 세상과 소통했으면 한다. 글을 쓰며 자신을 발견하고 사랑하며 세상에 대한 긍정적인 마음을 가질 수 있을 거라 믿는다.

읽으면 도움이 되는 책

- 한나 아렌트 지음, 이진우 옮김, 《인간의 조건》, 한길사, 2015.
- 조지 오웰 지음, 이한중 옮김, 《나는 왜 쓰는가》, 한겨레출판사, 2010.
- 레슬리 제이미슨 지음, 오은숙 옮김, 《공감 연습》, 문학과지성사, 2019.
- 헤르만 헤세 지음, 김지선 옮김, 《헤르만헤세의 독서의 기술》, 뜨인돌, 2006.
- 아서 프랭크 지음, 메이 옮김, 《아픈 몸을 살다》, 봄날의책, 2017.
- 윌리엄 케인 지음, 김민수 옮김, 《위대한 작가는 어떻게 쓰는가》, 교유서가, 2017.
- 슈테판 볼만 지음, 김세나 옮김, 《생각하는 여자는 위험하다: 그리고 강하다》, 이봄, 2014.
- 베어드T.스폴딩 지음, 정창영·정진성 옮김, 《초인들의 삶과 가르침을 찾아서》, 정신세계사, 2005.
- 법륜 지음, 《법륜스님의 금강경 강의》, 정토출판, 2012.
- 그렉 맥커운 지음, 김원호 옮김 《에센셜리즘Essentialism:본질에 집중하는 힘》, 알에이치코리아, 2014.
- 나탈리 골드버그 지음, 권진욱 옮김, 《뼛속까지 내려가서 써라》, 한문화, 2018.
- 로버트 맥키 지음, 고영범·이승민 옮김, 《시나리오 어떻게 쓸 것인가》, (전 2권) 민음인, 2002.
- 로널드B.토비아스 지음, 김석만 옮김, 《인간의 마음을 사로잡는 스무가지 플롯》, 풀빛, 2007.
- 도러시아 브랜디 지음, 강미경 옮김, 《작가 수업》, 공존, 2010.
- 나폴레온 힐 지음, 김징수 옮김, 《나폴레온 힐 성공의 법칙》, 중앙경제평론사, 2015.
- 정수복 지음, 《책에 대해 던지는 7가지 질문》, 로도스, 2013.
- 스티브 킹 지음, 김진준 옮김, 《유혹하는 글쓰기》, 김영사, 2017.
- 중앙일보 어문연구소 '우리말 겨루기'팀, 《한국어가 있다》, (전 4권) 커뮤니케이션북스, 2005.
- 아니타 무르자니 지음, 황근하 옮김, 《그리고 모든 것이 변했다》, 샨티, 2012.
- 윌리엄 스트렁크 2세 지음, 김지양·조서연 옮김 《영어 글쓰기의 기본》, 인간희극, 2007.
- 에릭 호퍼 지음, 방대수 옮김, 《길 위의 철학자》, 이다미디어, 2014.
- 김주환 지음, 《회복 탄력성》, 위즈덤하우스, 2011.
- 안정효 지음, 《글쓰기 만보》, 모멘토, 2006.
- 타니아 슐리 지음, 남기철 옮김, 《글쓰는 여자의 공간》, 이봄, 2016.
- 빅터 프랭클 지음, 이시형 옮김, 《죽음의 수용소에서》, 청아출판사, 2005.
- 헨리에트 앤 클라우저 지음, 안기순 옮김, 《종이 위의 기적, 쓰면 이루어진다》, 한언, 2016.
- 버지니아 울프 지음, 이미애 옮김, 《자기만의 방》, 민음사, 2006.